KB138391

보고 듣고
말하는
호락호락
한국사

보고 듣고 말하는 호락호락 한국사
❼ 근현대

1판 2쇄 발행 2020년 5월 30일

글쓴이 문원림
기획 호락호락 역사 기획단
그림 김규준
캐릭터 윤소
감수 이익주
펴낸이 이경민

편집 최정미, 박재언
디자인 문지현
녹음 헤마 스튜디오

펴낸곳 (주)동아엠앤비
출판등록 2014년 3월 28일(제25100-2014-000025호)
주소 (03737) 서울특별시 서대문구 충정로 35-17 인촌빌딩 1층
전화 (편집) 02-392-6903 (마케팅) 02-392-6900
팩스 02-392-6902
전자우편 damnb0401@naver.com
SNS

ISBN 979-11-88704-44-6 74900
979-11-87336-43-3(세트)

※ 책 가격은 뒤표지에 있습니다.
※ 잘못된 책은 구입한 곳에서 바꿔 드립니다.
※ 이 도서의 국립중앙도서관 출판예정도서목록(CIP)은 서지정보유통지원시스템 홈페이지(http://seoji.nl.go.kr)와 국가자료공동목록시스템(http://www.nl.go.kr/kolisnet)에서 이용하실 수 있습니다. (CIP제어번호 : CIP2018014923)

뭉치 MoongChi Books 도서출판 뭉치는 ㈜동아엠앤비의 어린이 출판 브랜드로, 아이들의 지식을 단단하게 만들어주고, 아이들의 창의력과 사고력을 키워주어 우리 자녀들이 융합형 창의 사고뭉치로 성장할 수 있도록 좋은 책을 만들겠습니다.

보고 듣고 말하는 호락호락 한국사

7 근현대

문원림 글 | 김규준 그림 | 이익주 감수

뭉치 MoongChi Books

작가의 글

우리는 역사를 함께 만들어 가는 귀한 인연이란다

『호락호락 한국사』를 읽는 친구들, 안녕! 이 인사가 마지막 인사가 될 거 같아. 이제 7권을 끝으로 길었던 이야기를 마치려고 해. 그동안 책읽느라 아주 많이 수고했어. 정말 대견해, 짝짝짝!!! 시대마다 등장했던 수많은 이야기꾼들에게도 뜨거운 박수를, 짝짝짝! 이야기를 엮느라 애쓴 나에게도 엄지 척!으로 격려해 줘, 정말 힘들었거든…….

마지막 이야기인 7권은 어떤 이야기보다 더 무거울 거야. 일제 강점기를 끝내자마자 분단되는 모습에 슬프고 화가 날지도 모르지. 이어진 전쟁으로 무수한 상처를 입는 모습은 마음을 무겁게 짓누를 테고…….

그러나 꿋꿋하게 다시 일어서는 대한민국의 성장에는 막 가슴이 뛰겠지. 왜냐하면 바로 우리 할아버지 할머니, 엄마 아빠의 이야기니까.

7권 근현대사는 곧이어 너희들이 만들어 갈 역사와 연결되기 때문에 도무지 가볍게 읽을 수 없을걸? 장담하는데, 큰 관심을 가지고 읽게 될 거다~.

얘들아, 우주 탄생부터 미래의 통일까지 정말 길고 긴 이야기였어, 그치? 나는 너희들이 이야기 고개를 지치지 않고 넘어가길 얼마나 바랐는지 몰라. 혹 어려운 역사 용어 하나에 걸려 넘어질까 봐 쉽게 풀려고 애를 썼지만 너희들 마음에 차지 않았는지도 모르지. 문장도 고르고 골라 걸림이 없도록 고치고 또 고쳤지만 매끄럽게 넘어가지 않는 부분도 많았을 거야. 모자라고 마음에 차지 않는 부분이 있었다면 많이 미안해.

이 책을 읽는 친구들은 모든 사람이 함께 역사를 만들어 가는 귀한 인연이라는 걸 잊지 말았으면 좋겠다. 그 귀한 인연들과는 얼굴 찡그리고 다투기 없기! 모두들, 환하게 웃는 날이 많기를 바라며 안녕~.

* * * *

『호락호락 한국사』 일곱 권이 나오기까지 애쓰신 모든 분들께 감사드립니다. 그리고 이 책을 사랑해 주시고 기다려 주신 독자님들께 끝없는 감사를 드립니다!

긴 겨울과 이별하는 햇살을 받으며

역사 이야기꾼이

차례

3장 사진 속에 대한민국의 역사가 담겼네

수인이가 들려주는 현대사 이야기

4장 다 함께 행복한 미래로 출발!

지구가 부탁하는 이야기

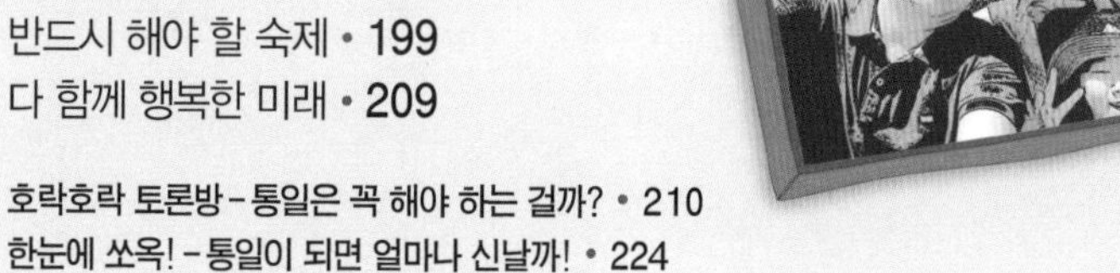

1905년
을사늑약

1907년
헤이그 밀사 파견

1909년
안중근 항일 운동

1910년
한일합방

1919년
3.1 운동
상해 임시 정부 수립

1920년
봉오동 대첩, 청산리 대첩

1926년
6.10 만세 사건

1927년
신간회

1929년
광주 학생 운동

1932년
한인애국단의 이봉창, 윤봉길 항일 운동

1940년
한국광복군, 일제에 전쟁 선포

1943년
강제 징병, 징용, 정신대

1945년
해방

1장

일제가 강제로 우리를 점령했어

나, 이회영과 내 동생 이시영은 독립운동을 하던 사람들이란다.
일제가 우리나라를 어떻게 강제로 점령하고
우리의 생명과 재산을 얼마나 많이 빼앗아 갔는지
그리고 우리의 역사를 얼마나 망가뜨렸는지
그 이야기를 하려고 나왔지.
이야기가 하도 길어서
뒷이야기는 동생이 이어 가기로 했다.
자, 다들 우리 이야기에 귀를 기울여 주렴!

이회영이 들려주는 일제 강점기 이야기

이항복
선조부터 광해군 때의 문신으로 충성스럽고 절개가 굳은 선비였어.

『호락호락 한국사』를 읽는 친구들이라고 했니? 나는 이회영이라 하는데 처음 들어 본다는 친구들이 많을 거다. 그러나 이항복이라는 분은 많이들 알고 있을 테지? 나는 그 어른의 10대 후손이란다. 그래서 우리 집안을 유명한 양반 가문이라고들 하는데 나라를 잃어버렸으니 얼굴을 들 수가 없구나.

이제부터 내가 들려줄 이야기는 참으로 부끄럽고 가슴이 무너지는 슬픈 이야기지만 누군가는 들려줘야 할 이야기가 아닌가 싶다. 그래서 나와 내 동생 시영이가 나서기로 했지.

조선이 나라 이름을 대한제국으로 바꾼 뒤부터 일제 강점기를 거쳐 광복이 되기까지 어떤 일들이 있었는지 잘 들어 보렴. 35년 11개월 동안 있었던 일을 차례로 듣다 보면 속상할 때도 있겠지만 가슴이 벅차오르기도 할 거다.

이름뿐인 대한제국

만민공동회

조선은 1897년 '대한제국'으로 이름을 바꾸고 황제가 다스리는 자주독립국가가 되었음을 세계에 알렸지. 그러나 이름에 걸맞은 힘을 갖추지는 못했어. 강화도 조약을 맺은 다음부터 서양 여러 나라들과 교류를 시작했지만 거세게 밀려드는 외세에 몹시 당황하고 있었지. 근대화를 먼저 이룬 서양의 사상과 문물은 조선의 낡은 사상과 제도를 뒤흔들었거든. 게다가 강대국 뜻대로 맺은 통상과 조약은 조선에겐 너무 불공평했지. 하지만 모든 인간은 평등하다는 사상을 바탕으로 농업보다 산업을 으뜸으로 여기는 '근대화'는 우리가 해 내야 할 숙제였단다.

근대화의 평등사상은 신분제를 당연하게 여기는 양반들에겐 서양 오랑캐의 못된 사상으로 보였어. 이제껏 농사만 지어 온 백성들도 농업보다는 산업을 으뜸으로 하는 사회가 두려웠을 테지. 그러나 좋든, 싫든 세계의 흐름이 근대화였으니 어쩌겠니? 나라의 문을 여느냐, 마느냐로 갈팡질팡했지만 결국 서양 문물을 받아들이고 새로운 제도를 만들었지. 산업과 기술을 발전시키기 위해 공장과 회사를 세우고 학교도 세웠어. 서양 의학으로 치료하는 병원과 신문사도 세웠고 전기니, 전화니, 기차니 하는 갖가지 근대의 산물들을 들여왔지. 그것이 얼마나 조선 사람들의 마음을 뒤흔들었는지 6권에 나온 뚜벅이 이야기를 들어서 잘 알고 있을 거다.

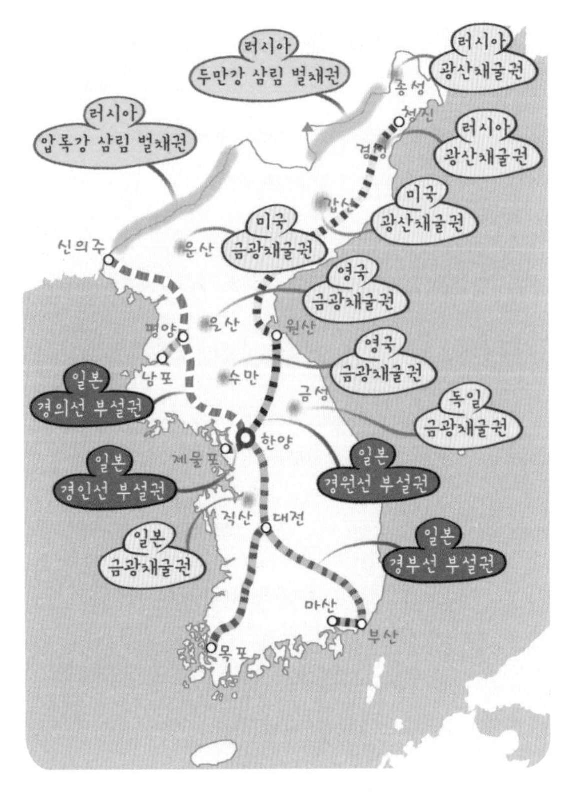

강대국의 이권 강탈

이런 문물들은 너희들도 알듯이 나라의 이권을 하나하나 내어 주며 들여왔잖니? 그런데 우리의 산림과 광산과 어장을 내어 주었을 뿐만 아니라 강대국들이 이래라, 저래라 간섭을 해대도 참을 수밖에 없었지. 강대국들은 마치 우리를 근대화시켜 줄 것처럼 굴었지만 속셈은 이 나라를 집어삼키려고 기회만 엿보고 있었단다.

이 모든 것을 지켜보며 답답했던 백성들은 무엇보다도 나라의 주권이 우뚝 선 독립 국가가 되길 바랐지. 그러자 독립협회는 '만민공동회'를 열어 누구든 나와서 나라 일에 대해 이야기할 수 있게 했단다.

종로 한복판에 수많은 백성들이 나와서 외세의 침략을 막고 나라를 지킬 의지를 보이자 강대국들도 주춤거리더구나. 어리석고 나약하기만 한 줄 알았던 조선 백성들이 구름처럼 모여 외세의 뻔뻔한 침략을 비판하니 조정이나 외세나 모두 깜짝 놀랐던 거지. 농사꾼도, 지게꾼도 스스로 나와 나라를 구할 방법을 의논하며 결코 만만한 나라가 아니란 걸 보여 줬어. 백성들이 정치에 참여하는 민주적인 제도

만민공동회 민중대회 기록화(독립기념관 제공)

를 만들자며 당당하게 만민공동회를 이끌었단다. 독립협회는 무지한 백성들을 깨우쳐야만 한다고 생각했는데 이미 백성들에겐 세상을 제대로 볼 줄 아는 힘이 있었던 거야.

그러나 이런 백성들 모습에 불안을 느낀 건 외세뿐만이 아니었어. 만민공동회의 활약에 외세가 주춤하자 그들을 대견해하던 조정도 등을 돌려 버렸으니까. 강력한 황제의 나라를 꿈꾸던 자들이 백성들 손으로 관리를 뽑겠다는 것은 황제를 위협하는 것이라는 모함을 했지. 그러자 언제나 권력을 지키는 것이 먼저였던 조정은 만민공동회 사람들에게 몽둥이를 휘둘러 해산시키고 말더구나.

주춤했던 외세는 다시 이 나라를 식민지로 만들기 위해 서로 격렬하게 다투었지. 백성들의 평화적인 저항으로 외세를 막아낼 천금 같은 기회를 놓치고 만 거야. 대한제국은 기차나 전기 같은 근대 문물

을 받아들이는 것은 어느 나라 못지않게 빨랐어. 하지만 백성의 힘을 키우는 일에는 야박했지. 백성들이 오랫동안 바랐던 토지 문제를 해결해 주고 세금을 낮췄더라면 우리 힘으로 근대화의 기반을 마련할 수 있었을 텐데……. 그리고 황제 한 사람이 권력을 휘두르기보다는 백성들이 뽑은 관리와 함께 나랏일을 했다면 제대로 된 근대화가 이뤄지지 않았을까 싶다…….

위태로운 대한제국

러일 전쟁

러시아는 땅덩이만 컸지, 너무나 추운 곳이라 항구도 얼기 일쑤인 나라였지. 따뜻한 나라를 식민지로 삼고 싶은 마음이 굴뚝같았는데 조선이 그 조건에 딱 맞았어. 그래서 왕비를 잃어버린 고종 황제의 불안함을 이용해 러시아 공사관으로 모셔 간 거란다. 러시아는 황제를 모신다는 핑계로 갖가지 이권을 차지하고 나라의 돈줄까지 마음대로 하려고 들었어.

이렇게 러시아가 거칠 것 없이 조선을 식민지로 만들려 하자 일본이 이를 막아섰지. 우리를 도와주려는 게 아니란 건 너희들도 잘 알 거다. 일본도 오래전부터 조선을 저희 나라를 근대화시키는 도구로 삼으려 했지. 그런데다 러시아가 커지는 것을 두려워한 강대국들은 뒤에서 두 나라의 싸움을 부추겼어. 그러니 어찌 됐을까?

결국 러시아와 일본이 한판 붙는 '러일 전쟁'이 벌어지더구나. 이 전쟁은 누가 봐도 일본이 이기기는 힘든 전쟁이었어. 러시아는 워낙 덩치가 큰 나라인 데다 해군도 만만치 않았으니까. 그런데 강대국들은 자신들의 이익을 챙기는 데 러시아보다는 일본을 돕는 것이 낫다고 생각했지. 러시아가 만주와 조선을 차지하면 힘이 너무 세어질 게 뻔했으니까, 아직은 힘이 약한 일본이 이기는 게 낫다고 생각한 거란다. 참 묘하게도 세상이 일본에게 유리하게 돌아가 강대국들이 모두 일본을 몰래 도와줬지.

힘이 세지 않았던 일본은 정의보다는 자기 나라의 이익만 챙기는 제국주의에 힘입어 운 좋게도 러시아를 이겼어. 일본을 얕잡아 봤던 러시아는 크게 지고 말았지. 만주와

조선을 삼키려던 러시아는 뒤로 물러설 수밖에 없었지만 일본은 기세 좋게 조선을 향해 달려들었어.

을사늑약

강대국인 미국과 영국은 일본이 조선을 차지해도 좋다는 조약까지 맺었다더구나. 대신 미국은 필리핀을, 영국은 인도에 대한 이익을 얻으며 서로 돕기로 한 거지. 힘으로 남의 나라를 빼앗는 걸 서로 인정한 셈이야. 이것이 제국주의의 본모습이란다. 잘 기억해 두렴!

거칠 것이 없어진 일본은 1905년 강제로 우리의 외교권을 빼앗았어. 을사년에 우리에게 억압과 굴레를 씌웠다 하여 을사늑약이라고 한다지? 맞는 말이다. 스스로 다른 나라와 조약 하나 맺지 못하는 바보 같은 나라 취급을 한 것은 우리를 짓누르고 소에게나 하는 굴레를 씌운 거니까. 아, 아 세상의 흐름을 빨리 읽고 제대로 대처했더라면 이런 치욕스런 일을 겪었을까!

을사오적

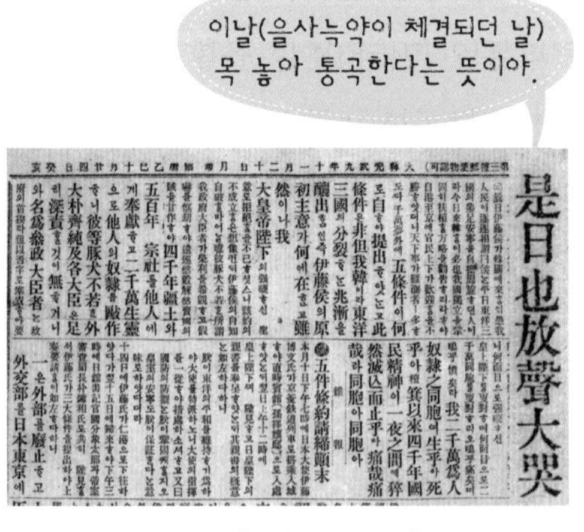

是日也放聲大哭

장지연 '시일야방성대곡'

이 조약이 맺어질 때 나라를 지켜야 할 황제는 무엇을 했으며 백성의 수고로 **녹봉**을 받은 관리들은 무엇을 했단 말이냐? 일본의 억압에 못 이겨 조약에 찬성한 이완용, 이지용, 이근택, 권중현, 박제순 다섯 명의 관리를 '을사오적'이라며 미워한다지만 어디 이들만의 잘못이겠어?

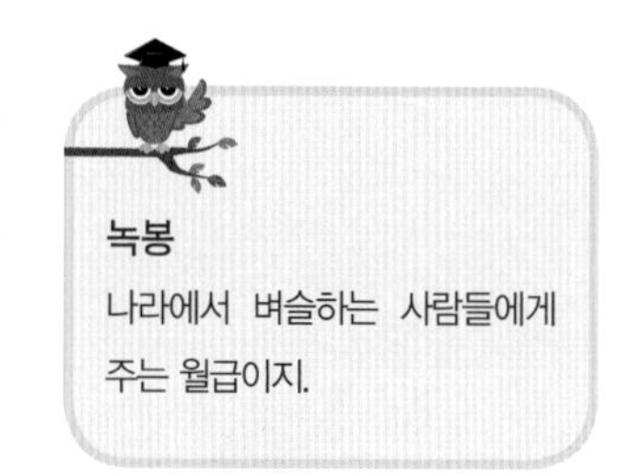

많은 사람들이 수치스러운 일이라며 땅을 치며 울었지. 그러나 이것은 뒤에 겪게 될 일의 시작이었을 뿐이다…….

만국평화회의 밀사들

일본은 1850년대 나라의 문을 열고 청일 전쟁과 러일 전쟁을 승리로 이끌며 아시아 제일의 제국주의 국가를 꿈꾸었지. 이 무모한 욕심을 부리는 일본을 이제부터는 일제라고 줄여서 부르마.

1905년 일제는 첫 번째 목표인 대한제국의 외교권까지 빼앗았어. 그다음 그들이 노린 것은 무엇이었을까? 바로 대한제국의 군대였지. 나라를 지키는 군대를 없앤다는 것은 팔과 다리를 묶는 거나 마찬가지였어. 어이없게도 대한제국은 전쟁 한 번 해 보지 못하고 나라를 고스란히 빼앗기게 됐단다. 일부 군인들과 의병은 격렬하게 저항했지만 이미 계란으로 바위치기였지…….

사태가 점점 심각해지자 나, 이회영은 고종 황제에게 한 가지 제안을 드렸단다. 1907년 네덜란드 헤이그에서 만국평화회의가 열리니 그곳에 가서 우리나라 사정을 알리자는 거였지. 만주에서 항일운동

헤이그 밀사

을 하는 이상설, 청렴하고 강직한 신하 이준, 러시아에 머물던 젊은 인재 이위종 세 사람이 이 일을 맡게 됐지. 황제의 밀서를 가지고 떠났던 이준은 일제의 눈을 피해 멀리 돌아가느라 더 힘들었다더구나. 밀사들은 시베리아 횡단 열차를 타며 몇달씩 걸린 여정에 지쳤지만 기상만은 굳셌단다. 하지만 헤이그에 도착했을 때는 이미 일제가 방해 공작을 다 해 놓아 만국평화회의장에는 들어갈 수도 없었어. 이위종은 각국 기자들이 모인 곳에서 유창한 외국어로 울분을 토해냈지. 만국의 평화를 의논한다면서 약한 나라의 이야기에 귀도 기울이지 않는 것이 무슨 평화회의냐며 또박또박 따졌단다. 그 자리에 있던 기자들은 이위종의 논리적인 말에 감탄하며 그대로 세상에 알렸지. 하지만 만국평화회의는 제국주의 나라들이 중심이 된 회의라 이미 사라져 가는 조선의 젊은이는 거들떠보지도 않았어. 강대국들이 말하는 평화란 전쟁 없이 어떻게 식민지를 잘 나눠 갖는가 하는 거였으니까. 큰 기대를 걸었던 헤이그 밀사 파견은 이렇게 허무하게 끝나고 말았단다.

오랜 여행의 고달픔과 일을 성사시켜야 한다는 압박에 병이 든 이준은 그곳에서 숨을 거두고 말았지. 이미 일제에게 죄인으로 지목된 이상설은 **연해주**로

연해주
러시아의 시베리아 동해 연안에 있는 땅이야.

들어가 독립운동에 몸을 바쳤고 이위종은 러시아로 돌아가 다시는 조선 땅을 밟지 못했어. 이 사건으로 고종 황제는 일제의 핍박에 강제로 물러나고 아드님인 순종 황제가 뒤를 잇게 됐단다.

아시아 평화 지킴이 안중근

그런데 일제의 이런 만행을 그대로 볼 수 없었던 또 한 명의 젊은이가 있었는데, 새끼손가락을 끊어 '대한 독립'을 썼던 안중근이야. 안중근은 조선 병합에 앞장선 이토 히로부미를 없애지 않으면 조선뿐 아니라 아시아 전체가 전쟁터가 될 것이라고 생각했어. 이토 히로부미는 '대동아 공영론'을 내세워 유럽 제국주의 국가들에게 맞서야 한다고 주장했지. 일제가 중심이 되어 아시아를 이끌겠다는 거였어. 하지만 일제가 아시아 여러 나라들 위에 서는 불공평한 관계라 평화는커녕 전쟁을 불러올 게 뻔했지. 일제의 검은 속을 눈치 챈 안중근은 '대동아 공영론'을 떠들고 다니며 세상을 속이는 이토 히로부미를 저격할 수밖에 없었단다.

이토 히로부미를 저격하는 안중근 의사(독립기념관 제공)

일본 사람들 중엔 안중근을 살인범이라는 사람도 있다던데 나라를 침략한 외적을 죽이는 것을 살인이라고 하다니 이것 참 어이가 없구나. 안중근은 대한국의용군 참모준장으로 나라를 침략한 적군을 죽인 영웅이지, 단순히 사람을 죽인 살인범이 아니란다. 그래서 여러 나라 기자들은 안중근의 행동을 의로운 일로 크게 알렸지. 특히 중국의 아버지로 불리는 손문은 안중근이 결코 잊히지 않을 큰 공을 세운 영웅이란 시를 지었다더구나.

그러나 일제는 이 일이 독립운동과 연결될까 봐 안중근을 단순한 살인범으로 몰았어. 그리고 제대로 된 재판도 없이 6개월 만에 사형시켜 버렸지. 안중근이 감옥에서 동양을 평화로 이끌 '동양평화론'을 쓸 때까지만 기다려 달라는 간절한 부탁을 했는데도 말이야. '동양평화론'은 동양의 여러 나라가 동등한 위치에서 서로 도우며 평화를 이뤄 가자는 것으로 이토 히로부미의 '대동아 공영론'을 앞서는 거였어.

일제는 안중근 시신도 두려웠던지 가족에게 돌려주지 않고 뤼순 감옥 뒷산에 아무렇게나 묻었단다. 그곳은 들개가 시신을 들춰 내어 훼손하는 곳이었지. 그래서 지금까지 시신을 찾지 못했다고 들었다. 안중근 의사가 남긴 유언을 끝내 들어주지 못했다니 정말 마음이 아프구나. 시신을 하얼빈 공원에 묻었다가 광복이 되면 조국에 묻어 달라는 그 소박한 유언 하나를 못 들어 주다니…….

효창공원에 있는 안중근 의사 빈 무덤

일본 제국주의 국가의 강제 점령

1910년 8월 29일 한일합방 선포

1910년 8월 22일 내각총리대신 이완용이 '한일합방 조약'에 떡하니 서명을 했다더구나! 아니, 황제가 버젓이 계신데 제까짓 게 뭐라고 서명을 한단 말이냐? 이 조약은 절차나 과정이 수상하고 일제의 강압이 있었기 때문에 명백한 불법이란다.

조약문

제1조

한국 황제폐하는 한국정부에 관한 일체의 통치권을 완전, 또 영구히 일본 황제폐하에게 양여한다.

아, 아~ 그러나 하늘이 우리를 버렸는지, 마침내 1910년 8월 29일 조약이 선포되었지. 이 땅의 백성들은 기원전 2333년 첫 나라가 세워진 뒤 역사상 처음으로 나라를 빼앗기고 말았어. 경술국치…… 경술년 나라에 치욕스런 일이 기어코 벌어지고야 만 거지.

대한제국은 짧은 생애를 마치고 일제에 의해 강제로 식민지가 되었지만 얘들아, 대한인의 긍지마저 죽은 건 아니란다, 절대 아니란다.

일제는 군인을 책임자로 보내 무력으로 이 나라를 다스렸어. 헌병과 순사가 곳곳에서 조선인을 감시하고 조금만 잘못해도 방망이로 내리쳤지. 나라를 잃은 사람들은 어디에도 하소연할 곳이 없어졌고

조선 총독부

작위와 은사금
일제는 합병에 공을 세운 조선인에게 귀족 작위를 내리고 은혜롭게 베푼다는 은사금도 줬단다.

우는 아이에게 '순사가 온다'는 말만 해도 울음을 그친다는 공포 정치가 펼쳐졌어. 내 나라 내 땅에서 창살 없는 감옥에 꼼짝없이 갇힌 신세가 된 거나 마찬가지였단다.

나라가 이 지경이 됐는데도 왕족과 높은 관리들 그리고 일부 양반들은 일본의 **작위와 은사금**을 챙겼다더구나. 수많은 사람들이 자결하고 의병과 독립군으로 나서는데 부끄럽지도 않은지 말이야. 이완용, 송병준, 윤덕영, 박영효 같은 자들은 친일을 하면서 일제 강점기 때 더 많은 부귀영화를 누렸지.

일제의 노예로 사느니 나라의 독립을 위해 한 몸 바치기로 한 우리 여섯 형제는 재산을 다 정리해 만주로 떠났단다. 철마다 아름다운 우리 산과 강을 뒤로하고 압록강을 넘을 땐 목울음을 얼마나 삼켰던지 목이 다 얼얼했지. 언제 다시 돌아와 정든 땅을 밟아 볼는지 기약

할 수 없는 길이었다. 그러나, 그러나 내 나라를 찾겠다는 의지만큼은 아주 강했어. 우리만큼이나 뜨거운 의지를 가진 사람들이 만주로 모여들었는데 그들은 의병으로 일본에 맞서다 쫓겨 온 사람들이었지. 이들은 다시 독립군이 되어 만주의 매서운 추위와 굶주림을 이기며 싸우고 또 싸웠어. 우리 형제도 만주에서 '신흥무관학교'를 세워 독립군을 기르며 항일 운동에 뛰어들었단다.

105인 사건

일제의 침략 움직임이 보일 때부터 뜻있는 사람들은 **신민회**를 만들어 항일 운동을 하고 있었어. 그러자 모든 항일 운동의 의지를 꺾으려는 일제는 죄도 짓지 않은 신민회 사람들을 105명이나 잡아갔지. 이걸 105인 사건이라고 한단다. 이제 일본 땅이 됐으니 독립은 꿈도 꾸지 말라는 엄포였지만, 그렇다고 우리가 독립의 의지를 꺾을 사람들인가! 다들 풀려나는 대로 만주나 중국으로 숨어 들어가 꿋꿋하게 독립운동을 이어 갔지.

신민회
1907년 국권을 회복하려고 세운 독립운동 단체야.

토지조사사업 실시

일본의 옛이야기에 남의 땅을 밧줄로 당겨서 제 땅으로 만들었다는 이야기가 있다더구나. 일제는 그 욕심을 그대로 보여 주는 일을 우리 땅에서도 했지. 근대적인 토지조사사업을 실시한다면서 우리 땅을 측량하더니만 제 땅이라는 신고를 하고 확인을 받아야 한다고 했어. 이 일은 사람들에게 홍보도 제대로 되지 않은 채 진행됐지. 그런데다 조상 대대로 일궈 온 땅을 새삼스럽게 제 땅으로 신고하는 걸 조선인들은 어이없게 여겼어. 그래서 신고하지 않은 사람들이 많았지. 그러자 진짜 어이없는 일이 벌어지고 말았단다.

어느 날 농사지으러 나가 보니 일본인이 턱하니 버티고 서서 제 땅이라는 토지 문서를 내밀었던 거야. 일제가 신고 안 된 땅을 저희 마음대로 일본인에게 싼값에 넘겼기 때문이지. 이렇게 근대적인 토지 신고 자체를 이해하지 못해 하루아침에 땅을 빼앗긴 사람들이 무척 많았단다. 땅을 잃은 농민들은 내 나라, 내 땅에서 일본인의 땅을 부쳐 먹는 소작농 신세로 떨어지고 말았어. 이 날강도 같은 일은 일제가 세운 '동양척식주식회사'가 도맡았는데 땅을 잃은 조선 사람들에게 높은 이자까지 받아 원성이 아주 높았단다. 오죽했으면 **나석주**가 폭탄을 다 던졌을까! 비록 실패했지만 말이다.

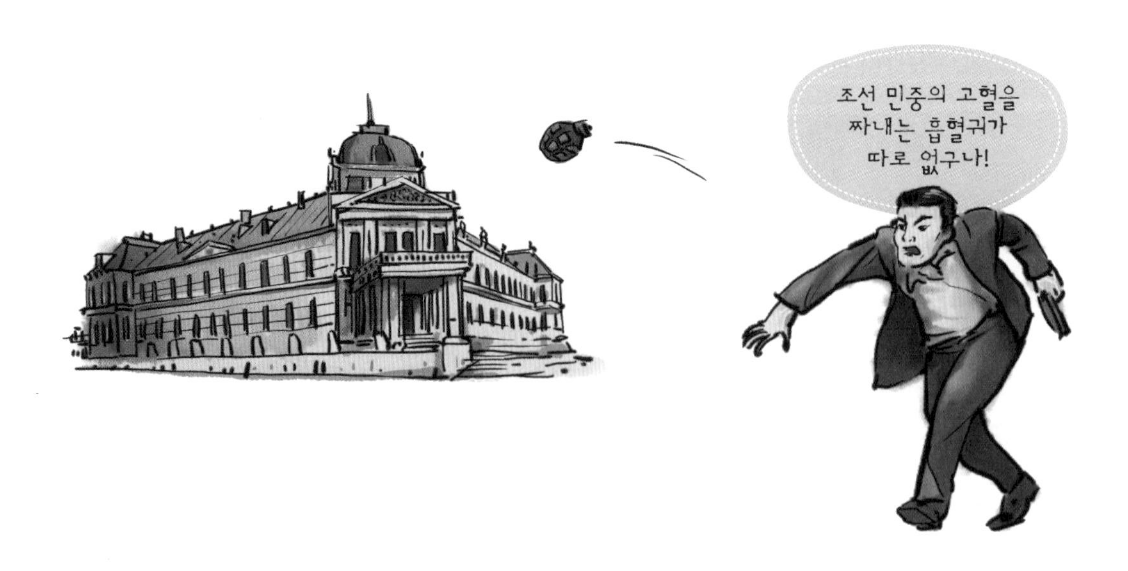

그나마 소작할 땅조차 얻을 수 없었던 사람들은 부두나 광산 또는 공장 노동자로 떠도는 신세가 되었지. 그것마저도 여의치 않으면 만주로 넘어가 중국인들의 괄시를 받으며 살아야 했어. 아니면 머나먼 하와이나 남아메리카 사탕수수 농장의 노동자가 되기도 했지. 허어~ 죄 없는 사람들이 제 땅에서 노예처럼 살거나, 남의 나라에서 설움을 겪는 비참한 상황으로 내몰린 거란다.

나석주
일제에게 땅을 빼앗긴 뒤 항일 운동을 하다가 무자비한 착취를 벌이는 동양척식주식회사에 폭탄을 날리고 순국했단다.

소작료
남의 땅을 빌려 농사를 지은 대가로 내는 돈이지.

그러나 친일을 하거나 토지를 많이 가진 부자들은 오히려 더 살기 좋아졌어. 일제가 이들의 이익을 지켜 주었으니까. 일본이 **소작료**를 70%까지 받을 수 있게 해 주어 부자들은 더 큰 부자가 되었지. 일제 덕분에 권력과 재산을 불린 자들은 근대 문물을 이용하며 화려하게 살았어. 이러니 일제를 적극적으로 도왔을 테지.

하지만 대부분의 사람들은 갈수록 끼니를 잇기조차 어려워졌어.

조선인의 토막집

일제 강점기의 명동

친일하는 자들에겐 근대 문명을 누리는 선물을 주었지. 대다수의 힘없는 이들에겐 가난과 억압이라는 고통을 안기고 말이야. 일제는 이렇게 악랄하고 음흉하게 민족을 둘로 갈라놓았단다. 그러면서도 미개한 조선을 자신들이 근대화된 나라로 만들어 줬다고 세계에 선전했지.

3.1 운동과 임시 정부

일본군이 총과 칼로 위협하며 다스리는 '무단 통치' 십여 년에 분노한 사람들이 1919년 3월 1일 평화적인 만세 운동을 벌였어. '만민공동회'에서 보여 줬던 조선 민중의 힘을 다시 한 번 보여 준 거지. 무기도 들지 않은 채 '대한 독립 만세'만 외쳤을 뿐인데 일제는 무자비한 폭력을 휘둘러 수천 명을 죽이거나 다치게 하고 감옥에 가뒀어. 제암리 마을(경기도) 사람들을 만세를 불렀다는 이유로 건물에 가두고 불을 질러 죽였단다. 이렇게 입에 담기도 어려운 끔찍한 일은 곳곳에서 일어났지. 17살의 어린 여학생, 유관순도 독립을 위해 만세를 불렀다는 이유로 끌려가 모진 고문을 받다 감옥에서 죽었어.

잔혹한 보복이 이어졌는데도 수많은 사람들은 두려움을 잊고 두 달에 걸쳐 전국 곳곳에서 만세의 함성을 이어 갔지. 모두들 일제의 폭력 앞에 노예처럼 살았지만 마음속에는 내 나라를 되찾겠다는 뜨거운 의지가 숨어 있던 거란다.

"대한 독립 만세!"

"대한 독립 만세!"

를 외치고 또 외치며 조선인의 힘을 보여 주었어. 내 땅에서 주인

3.1 만세 운동(독립기념관 제공)

유관순

행세를 하는 일제를 내쫓고 이 나라의 떳떳한 주인이 되겠다는 비장한 함성은 세계를 놀라게 했지. 하지만 일본의 총칼을 이기지는 못했어. 안타깝게도…….

수많은 사람들이 피를 흘렸는데도 3.1 운동이 성공하지 못하자 독립운동의 중심부가 필요하다는 생각을 하게 됐지. 그래서 독립이 되면 모든 국민이 주인이 되는 공화국을 만들기로 하고 임시정부를 세웠단다. 조선이 나라와 백성을 지키지 못했기 때문에 왕이 중심이 되는 왕조 국가를 미련

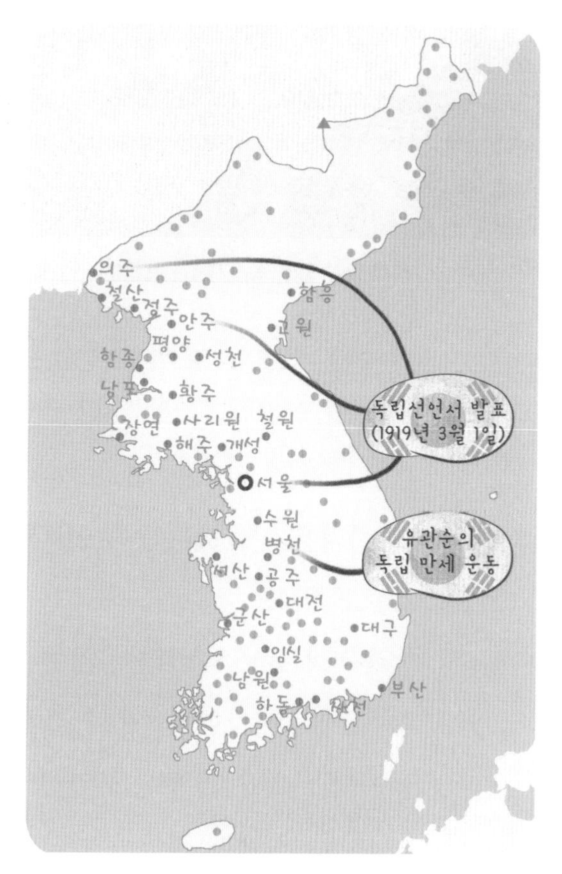

전국에서 일어난 만세 운동

상해 임시 정부(독립기념관 제공)

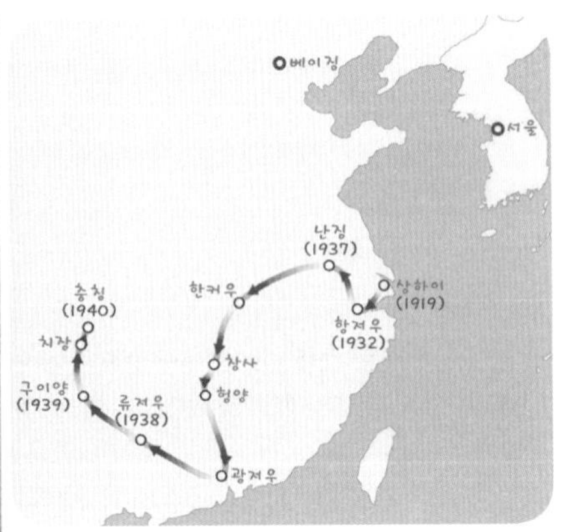

임시 정부 이동 행로

없이 버렸던 거지.

서슬 퍼런 일제의 눈길을 피해 중국 상해에 초라하게 세워졌지만 독립이 되면 어떤 나라가 들어설지는 기초가 잡힌 셈이야. 일제 강점기 동안 임시 정부는 독립을 이루는 방법에 따라 의견이 나뉘어 시끄럽기도 했고 일제에 쫓겨 중국의 이곳저곳으로 옮겨 다녀야 했지. 하지만 끝까지 버티어 국민이 주인이 되는 나라를 만들겠다는 뜻이 대한민국으로 이어졌다는 것을 알아주었으면 한다.

총과 칼을 두려워하지 않는 3.1 운동에 놀란 일제는 더 교묘한 정책을 쓰기 시작했어. '문화 통치'라는 것인데 말은 아주 부드럽게 들리지만 사실은 민족을 분열시키는 무서운 정책이었지. 민중을 이끄는 지식인들에게 신문사와 잡지사를 내주거나 도와주면서 교묘하게 친일파로 만들어 사람들이 실망하게 했거든. 믿고 따를 만한 지도자마저 사라지면 민족이 힘을 합치기 어려울 거 아니냐? 민족을 철저하게 이간질하는 것! 바로 그걸 노린 것이 '문화 통치'였단다.

봉오동 대첩과 청산리 대첩

3.1 운동에서 보여 준 독립에 대한 열망은 만주 벌판에서 항일 투쟁을 하는 독립군들 마음도 뜨겁게 달구었어. 평화적인 만세 운동만으로는 독립을 이루기 어렵다고 생각한 이들은 목숨을 바쳐 무장 투쟁을 벌였지. 그 용맹한 사람들은 대일본 황제의 군사들이라 뻐기는 일본군에게 두 번이나 크게 이겼단다. 최신식 무기를 다 갖춘 일본군에게 말이야!

나라를 잃기 전부터 의병으로 나섰던 홍범도 장군은 사냥꾼으로 이름을 날리던 사람이었지. 그래서인지 산속을 훤히 꿰뚫고 있어 최신식 무기를 가진 일본군도 그를 당해 내지 못했어. 봉오동에서 수백 명의 일본군에게 피해를 입히면서도 우리 독립군은 멀쩡했지. 황량하고 추운 북간도에서 제대로 먹지도, 입지도 못하면서도 그처럼 크게 이겼다니 장하고 또 장하기만 하더구나!

봉오동 대첩의 홍범도 장군은 그 힘을 몰아 김좌진 장군이 이끄는 청산리 전투를 도왔어. 여러 독립군과 힘을 합친 덕분에 또 한 번 청산리 대첩에서 일본군을 크게 물리쳤지. 이 기쁜 소식은 조선 민중의 가슴을 벅차게 했고 언젠가는 우리 힘으로 독립할 수 있다는 희망에 부풀게 했단다.

독립군가

신대한국 독립군의 백만 용사야

조국의 부르심을 네가 아느냐

삼천리 삼천만의 우리 동포들

건질 이 바로 너와 나로다

나가, 나가~ 싸우러 나가

나가, 나가~ 싸우러 나가

독립문의 자유종이 울릴 때까지

싸우러 나아~가세

홍범도

김좌진

그러나 최신식 무기와 훌륭한 군복으로 무장한 일본군은 초라한 독립군에게 져서 무척 자존심이 상했나 보더라. 만주에 살던 우리 동포들의 집을 태워 버리고 사람들까지 죽이는 만행을 저질렀지. 죄없는 사람들에게 어떻게 그런 일을 할 수 있는 건지……. 나는 치가 떨려 한동안 마음을 진정할 수가 없더구나.

이 경신년(1920년)의 참변을 겪으며 어떤 이들은 독립투쟁을 아주 못마땅하게 보기도 했지. 그까짓 일본군 몇 명 죽였다고 독립이 되겠느냐, 우리 동포를 더 고통스럽게 하는 미련한 짓 아니냐며 독립군들을 깎아내렸어. 그래, 너무 많은 동포들이 희생당해 독립운동하는 사람들 마음을 아주 무겁게 만든 건 사실이다. 하지만 간악한 일제에 맞서지 않는다면 희망도 없이 고통은 더 길어지겠지. 그걸 알기에 슬프고 분한 마음을 억누르며 우리 독립운동가들은 죽을 때까지 싸우리라 맹세했단다.

물산 장려 운동

일제는 조선인이 회사를 만드는 것도 마음대로 하지 못하게 했어. 그래야 우리 땅에 진출한 일본 회사들이 쑥쑥 성장할 거고 그들이 만든 물건만 쓸 테니까. 한마디로 우리를 저희들이 만든 물건만 쓰는 경제적 노예로 만들 속셈이었지.

그러자 오산 학교에서 학생을 가르치며 항일 운동을 하신 조만식 선생이 나서서

"조선 사람 조선으로!"

물산 장려 운동 포스터

"우리 것으로만 살자!"

며 조선 물산 장려 운동을 펼쳤어. 조선인이 만든 물건만 사용하여 경제적으로 일제의 지배와 간섭을 벗어나자는 거였지. 이 운동은 전국으로 퍼져 나가 나라를 살리는 애국 운동이 되었어.

조선인의 단합에 깜짝 놀란 조선 총독부는 온갖 방해를 다 하고 친일파들까지 나서서 물산 장려 운동의 참뜻을 흐려 놓더구나. 일제는 늘 감시의 눈을 번뜩이며 우리가 작은 움직임만 보여도 지나치게 탄압했단다.

관동 대지진

이즈음 일본에서는 아주 큰 지진이 일어나 수많은 사람들이 죽고 다치는 심각한 상황이 벌어졌어. 나라가 걷잡을 수 없이 혼란해지자 일본 정부는 책임을 피하기 위해 정말 어처구니없는 거짓말을 퍼뜨렸지. 조선인이 우물에 독을 풀어 일본을 혼란에 빠뜨리고 있다는 끔찍한 거짓말을! 그 뒤에 벌어진 일은 옮기는 일조차 두렵구나…….

관동 대지진 이후 자경단의 횡포

일본인들을 스스로 지킨다는 뜻에서 만들어진 자경단은 흥분해서 조선인들에게 보복을 하기 시작했지. 그 보복으로 2만 명이 넘는 조선인이 억울하게 죽는 일이 벌어졌어. 그러나 일본 정부는 뒷짐만 지고 있었지. 대지진의 혼란을 빨리 수습하지 못한 일본 정부의 잘못을 덮으려고 우리 동포들을 그렇게 희생시킨 거란다. 죄 없이 살해당한 사람들 중엔 아이들과 부녀자도 많았다는데…….

수많은 희생자들은 고향에서 살길이 막막해서 일본으로 건너간 사람들이었어. 그들은 일본인의 갖은 멸시를 받으며 어렵게 살고 있었지. 일제가 조선을 강제로 점령하지만 않았다면 제 나라에서 살았을 사람들인데…… 나라를 잃은 백성의 고통은 이런 것이었다!

6.10 만세 사건

고종 임금이 세상을 떠날 때도 3.1 운동이 일어났는데 마지막 임금인 순종 임금의 장례식 때도 어김없이 6.10 만세 사건이 터졌단다. 7년 전인 1919년 그토록 참혹한 폭력을 겪었는데도 또다시 만세 사건이 일어났던 거지. 어린 학생들이 나서서 영리하게 일본 경찰을 따돌리고 태극기를 돌리며 만세 운동을 알렸어.

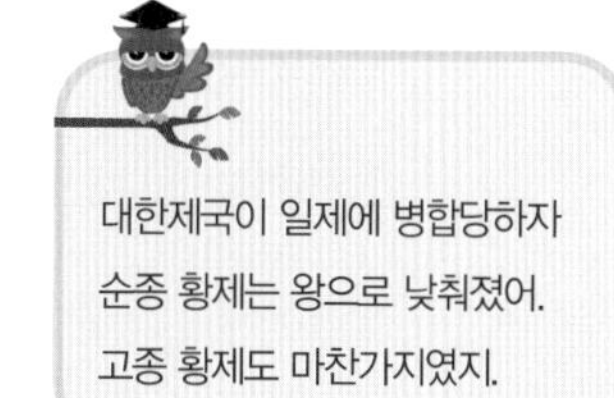

끊임없이 이어지는 항일 운동에 날카로워진 일제는 어린 학생들에게도 폭력을 휘두르며 무지막지하게 탄압했지. 6.10 만세 사건도 실패로 끝났지만 어린 학생들마저 조선의 독립을 위해 일어서는 것을 본 일제는 머리털이 쭈뼛 섰을 거다. 독립운동은 밟히면 밟힐수록 뿌리가 단단해지고 알곡이 여무는 보리밭 같았지.

일제는 언제 어디서 어떤 식으로 항일 운동이 벌어질지 몰라 두려웠나 보더라. 무단 통치 때보다 네 배나 많은 비밀경찰을 곳곳에 심어 감시의 눈초리를 번뜩였어. 그래서 우리는 주변 사람들마저 의심해야 하는 상황이 되고 말았는데 그건 참으로 견디기 어렵더구나. 특히 독립운동을 하는 곳엔 어디나 밀정이 있어서 활동도 어렵고 정보가 새어 나가 피해도 많이 입었지.

신간회

일제의 눈초리는 갈수록 날카로워졌어. 그래도 수많은 독립운동가들은 힘을 모아 항일 운동 단체인 신간회를 만들었단다. 독립을 이루는 방법이나 사상이 달랐던 사람들이 다 함께한 아주 뜻깊은 모임이었지. 일제의 반응은 어땠을까? 보나 마나 들으나 마나라고? 그래, 너희들 짐작대로 방해가 이만저만하지 않았지. 저들에겐 우리가 모였다는 것 자체가 두려움이었으니까. 결국 몇 년 만에 신간회는 사라져야 했지만 우리의 항일 의지는 전국에 깊은 뿌리를 내리고 있었어. 아주 깊숙이 말이야…….

광주 학생 운동

광주의 통학 열차 안에서 일본 학생이 우리 여학생을 희롱하는 일이 벌어졌어. 이 일은 일본 학생들과 우리 학생들의 싸움으로 번졌는데 경찰이 일본 학생들 편만 들었단다. 분명 잘못은 일본 학생들이 했는데 죄는 우리 학생들이 다 뒤집어썼던 거지. 이러니 피 끓는 젊은 학생들이 가만히 있었겠니? 광주 학생은 물론 다른 지역의 학생들까지 학교에 나가지 않고 수업을 거부했단다. 전국의 어린 학생들이 부당함에 맞선 장한 일이었지. 조선인을 고분고분한 이등 국민으로 만들려는 식민지 교육이 실패했단 생각이 들어 희망이 보이더구나!

광주 학생 운동 비밀 결사 조직, 성진회

이 일은 커지고 또 커져 재판까지 갔지만 법정의 판사와 검사가 일본인들이니 공정한 판결이 났을 리가 있겠냐? 하지만 일본의 잘못된 판정에 맞서는 어린 학생들을 보면서 어른들은 나라를 되찾을 의지를 다시 한 번 다졌단다.

이봉창과 윤봉길

일제의 '문화 통치'로 암울하던 때에 한 줄기 빛을 던지듯 용맹무쌍한 두 사나이가 등장했어. 일제의 기세가 갈수록 드세지자 김구 선생은 '한인애국단'을 만들어 무장 투쟁을 벌였는데 이봉창과 윤봉길 두 젊은이가 나섰지.

이봉창

윤봉길(독립기념관 제공)

이봉창은 부유한 집에서 태어났지만 집안이 기울어 일본인 상점의 점원이 됐어. 이곳에서 일본인의 멸시와 냉대를 당한 이봉창은 조선인의 아픔을 뼈저리게 느꼈다더구나. 그리고 우리 민족의 고통은 나라를 잃었기 때문이며 이런 불행을 만든 사람은 다름아닌 천황이라는 생각도 하게 됐단다.

그래서 그는 도쿄로 들어가 천황이 탄 차에 폭탄을 던졌지. 일본 중심가 한복판에 폭탄을 던진 이 '도쿄 폭탄 투척 사건'은 실패했어. 하지만 왜 그가 일본인들이 숭배하는 천황에게 폭탄을 던졌는지는 생각해 보게 됐지. 아시아뿐만 아니라 일본조차도 점점 불행으로 몰아가는 일본 제국주의 우두머리는 결국 천황이라는 사실을 말이다! 하지만 이봉창은 일본인에게는 흉악한 살인범으로 몰려 사형당하고 말았단다. 끝까지 패기를 잃지 않았던 이봉창 열사가 정말 자랑스럽더구나.

이 사건이 있은 지 얼마 되지 않아 중국 상해의 홍커우 공원에서는 잔치가 벌어졌어. 일본 군인들이 천황 생일과 중국을 이긴 기쁨을 축하하기 위해 많이 모였지. 일본은 중국 여러 곳을 차지하여 제 땅처럼 여기며 기고만장했단다. 중국인들은 몹시 아니꼬웠을 테지만 그저 참고 있더구나. 그런데 말이다, 얘들아! 그 일본인들을 향해 폭탄을 던진 영웅은 젊은 조선인이었어. 구경꾼으로 변장한 윤봉길은 폭탄을 던져 일본 총사령관과 높은 군인들에게 큰 피해를 입혔지.

이 사건은 일본인을 두려움에 떨게 만들었을 뿐만 아니라 백만 중국인들도 해 내지 못한 쾌거라는 찬사를 들었어. 중국인들은 조선 독립군의 투지에 감동했던지 중국에서 활발하게 독립운동을 할 수 있게 도와주더구나.

윤봉길은 현장에서 잡혀 일본으로 끌려가 모진 고문을 받았지만 끝까지 의연한 모습을 보이며 스물다섯의 젊은 나이에 사형당했지. 나는 그가 어린 아들들에게 나라를 위해 용감한 투사가 되라는 편지를 남겼다는 말에 눈시울이 붉어졌단다.

조국 독립을 위한 마지막 길

나는 두 젊은이의 영웅다운 행동에 깊은 감동을 받았다. 나라를 잃던 해에 조국을 떠나 만주와 중국을 떠돌며 독립운동을 해 왔지만 뭐 이렇다 할 만한 일을 이루지 못했다는 죄스러운 생각이 들더구나. 육십이 훌쩍 넘은 늙은이이지만 마지막으로 조국을 위해 죽을 수 있다면 더 큰 영광이 없겠다 싶었어. 그래서 만주를 차지하려는 일본군 사령관 무토를 처단하기로 했지. 그 일이 성공하면 만주에 사는 우리 동포들이 조금은 편안해질 테니까 말이야. 큰아들은 늙은 나를 걱정하여 말렸으나 자랑스러운 아버지로 남고 싶다는 말로 달래어 만주로 가는 배에 올랐지.

하지만 우리 쪽에 일본이 심어 놓은 밀정이 있었는지 배에서 내리기도 전에 일본 경찰에게 잡히고 말았단다. 내 마지막 희망마저 들어주지 않는 하늘이 원망스럽더구나. 일본 경찰의 고문은 듣던 대로 정말 잔혹했지. 하지만 나는 이 고문에 스러져 갔을 동지들을 생각하며 결코 한마디도 하지 않았어. 다 늙은 몸이야 어찌 되든 상관없지만 내 실패가 동지들을 괴롭혀서는 안 되지, 절대 그건 안 되지, 절대…….

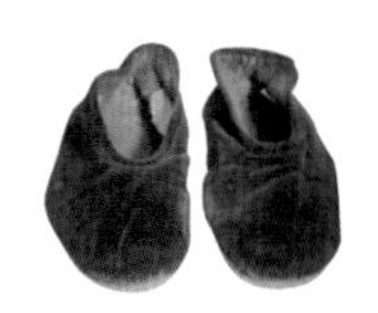

·
·
·
·

이시영

어흐흐흑…… 이회영 형님은 일본 경찰의 고문 속에 돌아가셨단다. 예순이 넘으신 형님을 모질게 죽여 놓고 웬 늙은이가 철창에 목을 매달아 죽었다는 기사를 실었어. 그렇게 일제는 자신들의 잘못을 감추는 능청을 떨더구나. 한평생 독립을 위해 싸우신 형님의 죽음을 자살로 깎아내리다니 그 간사함과 음흉함에 치가 떨렸지. 젊은이도 견디지 못하는 고문에 얼마나 고통스러우셨을까 생각하면 가슴이 찢기는 아픔에 어쩔 줄을 모르겠다. 하지만 우리 형님만 고통스럽게 가신 게 아니라 수많은 사람들이 나라의 독립을 위해 싸우다 이름도 없이 죽지 않았더냐…….

내 이름은 이시영, 여섯 형제 중에 혼자 살아남은 죄인이지. 그나마 다행이라고? 고맙구나. 이제부터 뒷이야기는 내가 하마.

올림픽의 두 영웅

세상은 식민지를 누가 얼마나 더 많이 차지하는가를 두고 제국주의 나라들끼리 전쟁을 하느라 정신이 없었지. 그 첫 번째 큰 전쟁이 제1차 세계대전이었는데 900만 명이 넘는 사람들이 죽고 다쳤다더라. 그런데도 싸움은 끝나지 않아 또다시 으르렁거리기 시작했는데 그 중심국은 1차 세계대전을 일으켰던 독일이었지.

그 나라 우두머리인 히틀러가 제 민족이 얼마나 우수한 민족인가를 보여 주기 위해 베를린에서 올림픽을 열었어. 그런데 올림픽의 꽃이라는 마라톤에서 글쎄, 우리의 손기정과 남승룡 선수가 1등과 3등을 다~ 차지했지, 뭐냐! 조선 민중이라면 누구나 가슴이 벅차올랐을 거다. 그런데 두 사람은 시상대에서 고개를 푹 수그리고 마치 죄인처럼 서 있었어. 가슴에는 일장기가 달린 채 일본의 애국가인 기미가요가 울리자 피가 거꾸로 흐르는 거 같았다더구나.

그 모습이 분했던 동아일보는 손기정 선수의 가슴에서 일장기를 떼어 낸 사진을 실어 사람들의 마음을 시원하게 풀어 주었지. 그러자 일제는 치졸하게도 당장 동아일보가 신문을 찍어 내지 못하게 했어. 그것으로도 모자랐는지 세계의 마라톤 영웅인 손기정 선수마저 못 살게 굴었다는구나. 월계수로 슬쩍 일장기를 가리고 올림픽 대회장에서 조선 사람임을 밝혔기 때문이라더라.

베를린 올림픽 시상대에 선 손기정과 남승룡 선수

일장기를 지운 신문(동아일보)

기억해야 할 사람들

참 얄궂게도 해가 갈수록 일제는 세력을 키워 나갔어. 강제 점령 기간이 길어질수록 일제에 협력하는 사람들은 늘어만 갔지. 그들이 노렸던 '문화 통치'가 먹혀들다니, 참으로 기가 막히더구나.

마음을 울리는 소설을 잘 써서 인기가 많았던 이광수는 '민족개조론'을 내세웠어. 조선 민중은 게으르고 나태하기 때문에 머리부터 발끝까지 바꾸어 일본인이 되어야 한다나? 스스로 일본의 2등 국민이 되라는 말이니 참 어이가 없었지. 훌륭한 재주를 민족을 위해 쓰지는 못할망정 노예가 되라고 하다니 정말 괘씸한 사람 아니냐!

하지만 언젠간 독립의 날이 꼭 올 것이니 희망을 버리지 말라는 시를 쓰는 한용운, 이육사, 윤동주 같은 시인들도 있었지.

한용운은 스님으로 항일 운동을 하면서 시를 썼는데 끝끝내 독립을 이루고 말겠다는 의지를 드러냈어. 조선 총독부가 꼴도 보기 싫다고 집까지 북쪽을 향해 지었다더라. 본래 집은 남향으로 지어야 좋은 것인데 그렇게 지으면 조선 총독부가 보여 일부러 그랬다던걸.

이원록 시인은 항일 운동을 하다 17차례나 감옥에 갇혔는데, 첫 번째 갇혔을 때의 죄수 번호, 64번을 이름으로 썼단다.

그래서 이육사로 더 유명한 시인은 우리가 얼마나 오랜 역사를 가진 강한 민족인지를 일깨우며 독립은 꼭 온다는 확신을 주었지.

이육사

청포도

내 고장 칠월은
청포도가 익어가는 시절

이 마을 전설이 주저리 주저리 열리고
먼 데 하늘이 꿈꾸며 알알이 들어와 박혀

하늘 밑 푸른 바다가 가슴을 열고
흰 돛단배가 곱게 밀려서 오면

내가 바라는 손님은 고달픈 몸으로
청포를 입고 찾아온다고 했으니

내 그를 맞아 이 포도를 따 먹으면
두 손은 함뿍 적셔도 좋으련

아이야 우리 식탁엔 은쟁반에
하이얀 모시수건을 마련해 두렴

해방이 반가운 손님처럼 반드시 올 거라며 그 기쁜 날엔 아껴두었던 귀한 은쟁반과 모시수건을 꺼내 마음껏 축하하자더니…… 해방 한 해 전에 이육사는 그만 세상을 떠나고 말았어.

윤동주

윤동주도 고통받는 조선 민중의 아픔을 다독이며 독립의 의지를 다지고 또 다지는 시를 썼는데 일본어가 아닌 우리글로 지었지. 우리말과 글을 못 쓰게 하던 때라 이것도 죄가 되어 윤동주는 해방이 되기 몇 달 전 감옥에서 죽고 말았단다.

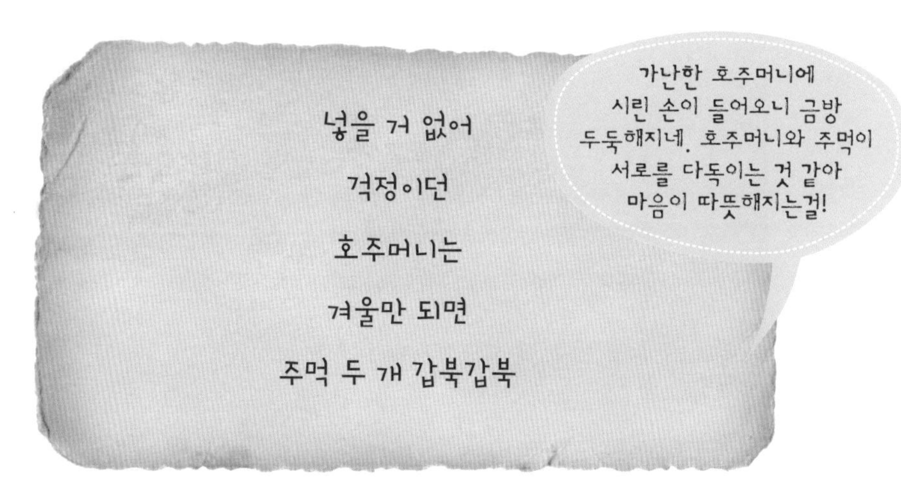

윤동주는 동시도 여러 편 지었는데 이 시는 '호주머니'란 동시야. 서 호주머니가 꼭 내 처지 같아 마음이 뭉클하지 뭐냐! 윤동주 시를 읽으면 늘 마음이 맑고 깨끗해지는 느낌이 들지. 그래서 윤동주는 우리나라만 좋아하는 시인이 아니라더구나. 지금은 중국 땅이 된 연변에서 태어났다고 중국인들은 윤동주를 중국 시인으로 보고 일본은 일제 식민지인 히라누마 도슈라며 그를 일본인으로 본다는데 이런, 윤동주가 들으면 기겁할 소리 아니냐?

서시

죽는 날까지 하늘을 우러러

한 점 부끄럼이 없기를

잎새에 이는 바람에도

나는 괴로워했다

별을 노래하는 마음으로

모든 죽어가는 것을 사랑해야지

그리고 나한테 주어진 길을

걸어가야겠다

오늘 밤에도 별이 바람에 스치운다

이 시가 세 나라에서 사랑받는 시란다. 아프고 슬픈 모든 것들을 껴안으며 꿋꿋하게 자기 길을 가는 아름다운 사람이 보이는 거 같구나, 윤동주처럼! 거창하지도 않고 길지도 않지만 사람들이 어떻게 살아야 하는지 깨닫게 하는 힘이 있어. 그래서 나라와 시대를 넘어 많은 사람들이 이 시인을 사랑하는가 보다.

윤동주는 사촌인 송몽규와 항일 운동을 했다는 이유로 감옥에 갇혔다 죽었는데 생체 실험을 당했다는 이야기가 나돌았지. 생체 실험이란 인간을 도구로 해서 여러 가지 실험을 하는 거란다. 동물을 도구로 삼는 것도 잔혹한 일인데 사람을 도구로 삼다니 일제는 식민지인을 사람으로 보지 않은 것이 분명하구나.

사실, 송몽규는 윤동주보다 더 두드러지게 항일 운동을 했는데 윤동주의 시가 워낙 유명하다보니 송몽규를 아는 사람이 드문가 보더라. 그러나 두 사람 다 간도에서 태어나 일본으로 유학까지 간 지식인으로 출세 대신 항일 운동에 목숨을 걸었다는 것을 기억해 주렴.

하나뿐인 목숨을 기약 없는 독립운동에 바치는 일은 절대 쉬운 일이 아니지.

송몽규

식민지 젊은이들은 실력이 있어도 차별과 멸시를 받으며 살아야 했어. 이것을 그저 참으려고만 했지, 이 젊은이들처럼 떨치고 일어나기는 아주 어려웠단다. 일제의 감시와 탄압이 갈수록 심해졌고 잡히기만 하면 고문으로 심각한 장애를 앓거나 죽는 일이 많았으니까…….

그래도 우리 민족은 한순간도 독립운동을 멈춘 적은 없었단다. 어디서 누군가는 독립을 위해 애를 쓰고 있었지. 특히 남의 나라에서 온갖 박해를 받으며 무장 투쟁을 벌인 수많은 독립군들은 돈이 없어서 추위와 굶주림에 떨었지만 한순간도 싸움을 멈춘 적은 없었어.

김원봉은 '의열단'을 만들어 무장 투쟁을 벌였는데 단원인 김익상은 용감하게도 조선 총독부를 공격했단다. 전기수리공으로 위장해서 조선 총독부에 들어가 폭탄을 날려 아수라장을 만들고는 유유히

김원봉

김익상

박재혁

김상옥

사라졌지. 조선 총독부는 조선을 지배하는 일제의 심장과 같은 곳이라 경비가 삼엄하기가 이를 데 없었는데도 말이야. 박재혁과 김상옥은 부산 경찰서와 종로 경찰서에 폭탄을 날려 조선 민중을 괴롭히는 경찰을 공포에 떨게 만들었어. 일본인들은 아무리 힘으로 짓밟고 간사한 꾀로 이간질시켜도 나라를 되찾겠다는 의지를 꺾지 않는 조선인들에게 두려움을 느꼈을 거다.

문화 지킴이 전형필

목숨을 바쳐 나라를 지키려는 사람들 못지않게 귀한 문화재를 지켜내는 훌륭한 일을 한 이가 있었는데, 바로 전형필이라는 사람이란다. 이 사람은 워낙 부잣집 아들로 태어나 재산이 많기는 했지. 그렇다고 전 재산을 다 털어 다른 나라로 빠져나가는 문화재를 사들이는 일은 아무나 할 수 있는 일은 아니었어. 재산을 가진 사람들은 그 재산을 악착같이 지키거나 불리는 일에 더 힘을 쏟기 마련이지. 그런데 이 사람은 재산을 아낌없이 써 가며 수많은 도자기와 조각상 그리고 그림들을 우리 품으로 돌아오게 해 주었단다.

특히 일본으로 팔려가던 훈민정음해례본을 지켜낸 것은 너무도 고마운 일이지. 세종 때 한글에 대한 모든 기록이 담긴 이 책이 일본에 팔려 갔다면 아마 우린 고개를 들 수 없게 부끄러웠을 거다. 한국 전쟁이 일어났을 때도 훈민정음해례본을 가장 먼저 챙겨 품속에 안아서 지켰다더구나.

전형필(간송미술문화재단 제공)

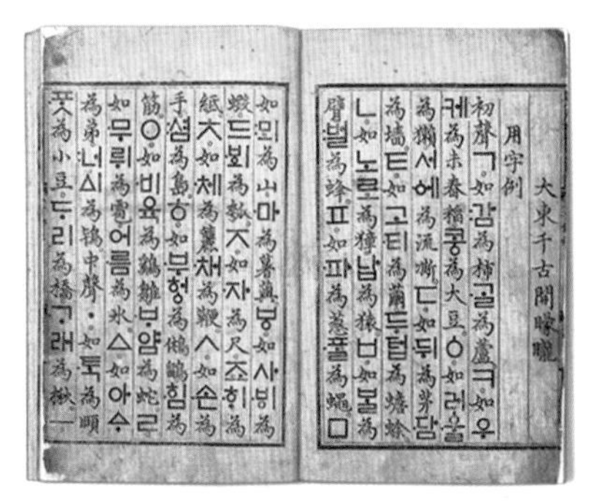

훈민정음해례본

평생 모으고 아껴온 문화재를 '간송 미술관'에 보관하며 해마다 두 번씩 무료로 사람들에게 보여 주었다니 참으로 아름다운 바보 아니냐! 남들은 문화재로 재산을 불리거나 전시하여 돈을 챙기는데 전 재산과 맞바꾼 문화재를 무료로 보여 주었으니 말이다.

일본의 잔혹한 마지막 몸부림

일본의 욕심은 점점 더 커져 중국과 전쟁을 벌이더니 마침내 독일, 이탈리아와 함께 제2차 세계대전을 일으키는 나라가 되었어. 전쟁을 이끌 물자와 인력이 부족하자 이번엔 일본과 조선이 하나라는 '내선일체'를 내세웠지. 이 말도 안 되는 소리를 하면서

제2차 세계대전
일본, 독일, 이탈리아가 일으킨 전쟁으로 아시아와 유럽이 전쟁터가 되었어.

징용, 징병, 정신대
징용은 조선인에게 강제 노동을, 징병은 억지로 군대에 끌고 간 걸 말해. 정신대는 전쟁을 지원하는 조직인데 여자들을 군수 공장에서 일을 시키거나 성노예로 끌고 갔단다.

우리를 전쟁터로 내몰더구나. '국민총동원령'을 내려 **징용**과 **징병** 그리고 **정신대**로 조선 민중들을 끌고 가 전쟁의 도구로 쓰기 시작했어. 일본에게 충성하면 일본인과 똑같은 대우를 해 줄 것처럼 굴었지만 그건 사탕발림이란 걸 어린 너희들도 알 거다.

일본의 조상신과 영웅들의 위패가 있는 사당을 우리 땅 곳곳에 세우고 '신사참배'까지 시켰어. 그리고 날마다 '황국신민서사'도 외우게 했지. 황국신민서사란 일본 천황의 충성스런 신하가 되겠다고 맹세하는 거란다. 천황이 있는 동쪽을 향해서도 인사를 해야만 했어. 감시의 눈초리가 번뜩거리고 있었기 때문에 결혼식장에서도 이런 일을 했단다.

황국신민서사를 외우는 아이들

이뿐만이 아니었어. 우리말과 글을 못 쓰게 했는데 학교에서는 어쩌다 우리말이라도 쓰면 점수를 깎았지. 꼬집혀도 일본 말로 아파하고 꿈도 일본 말로 꾸라고 할 정도였어. 이름마저 일본 이름으로 바꾸는 '창씨개명'을 강요하면서 우리 민족을 아예 없애려 들었지. 일제는 우리 스스로 원해서 이름을 바꾸는 것처럼 선전했지만 친일파를 빼고 누가 제 이름을 일본식으로 바꾸고 싶었겠냐? 그런데도 70%가 넘는 조선인들이 스스로 이름을 바꾸었다고 떠벌렸어. 학교에 입학하거나 배급을 받을 때 그리고 기차표를 살 때도 일본식 이름이 아니면 차별을 했기 때문에 울며 겨자 먹기 식으로 이름을 바꿨을 뿐이란 걸 알아주렴.

일제가 1940년대에는 수천 년을 써 온 우리말과 글을 못 쓰게 하느라고 **조선어학회** 사건까지 벌였어. 우리글을 연구해 온 학자 16명을 잡아다 모진 고문을 해서 두 명이나 죽는 일이 벌어졌단다. 영하 20도까지 내려가는 콘크리트 감방에 100일이 넘도록 서 있는 고문을 당했다니…….

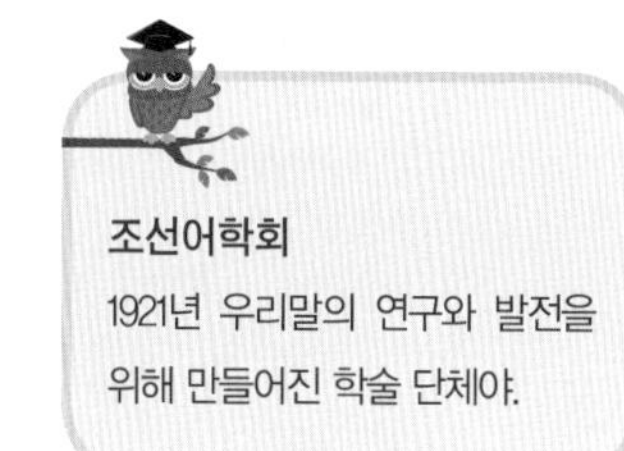

조선어학회
1921년 우리말의 연구와 발전을 위해 만들어진 학술 단체야.

일제가 아시아 정복에 대한 욕심으로 우리 조선 민중을 강제로 전쟁에 동원하자 독립운동을 하던 사람들도 광복군을 만들었지. 일본과 싸우겠다는 선전포고도 했어. 우리는 단 한순간도 독립을 포기한 적도, 독립운동을 멈춘 적도 없다는 것을 보여 준 거야. 일본이 거칠어질수록 그들의 패망이 멀지 않았다는 것을 우리는 확신하고 있었으니까!

한국광복군

초등생 목검 훈련

전쟁이 치열해지자 일제는 어린 학생들까지 군사 훈련을 시켰어. 나무로 만든 칼을 휘두르며 적을 베는 연습을 해야만 했단다.

그러더니 우리 학생들을 학도병이란 이름으로 강제로 끌고 가서는 가장 위험한 전쟁 지역으로 보냈지. 일제의 전쟁에 우리 젊은이들이 총알받이가 됐던 거야.

그런데도 천황과 일본을 위해 죽는 것은 영광이라는 연설로 조선 민중을 선동하는 지식인도 있었어. 조선의 천재라 불렸던 최남선은 연설 도중 허리띠가 끊어질 정도로 목이 터져라 나가서 싸우라고 했지. 여성 박사 1호로 부러움을 받던 김활란은 남편이나 자식을 웃으며 전쟁터로 보내야 한다며 일제를 열심히 도왔단다. 조선의 독립을 위해 싸워야 할 젊은이들에게 어떻게 일제를 위해 목숨을 버리라고 할 수 있단 말이냐!

전쟁 초기 일제는 악명을 떨치며 아시아 곳곳을 정복했어. '대동아 공영론'이란 이렇게 아시아를 전쟁터로 만들어 일본 제국주의 세상이 되는 거란 걸 보여 주고 있었지. 안중근 의사가 일본의 속셈을 제대로 봤던 거야.

징병뿐만이 아니라 강제로 사람을 끌고 가 노예처럼 부렸어. 남자는 강제 징용으로, 여자는 정신대란 이름으로 끌고 갔지. 강제 징용엔 남자 어른뿐만 아니라 어린 소년들도 있었고 정신대에도 어린 소

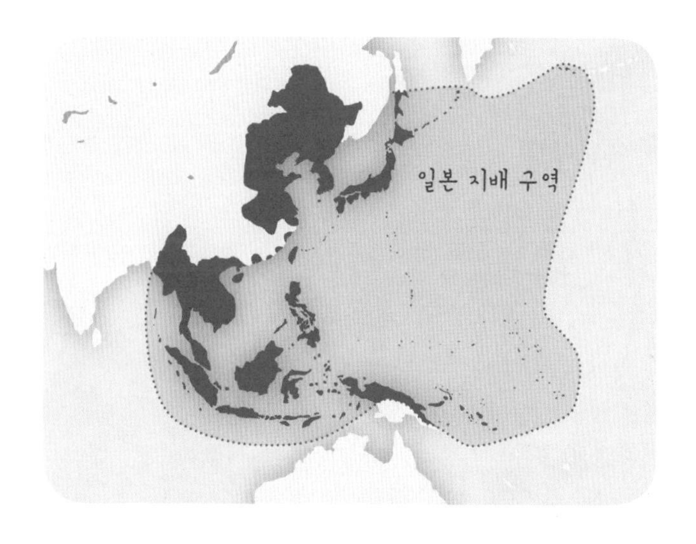

녀들이 많았어. 이들은 취직을 시켜 준다는 말에 속거나 거리에 나갔다가 갑자기 잡혀가기도 했단다.

징용된 사람들은 주로 탄광에 많이 끌려갔는데 인간 이하의 취급을 당하다 무수히 죽어 갔지. 일제는 조선 징용자들을 가장 열악한 곳으로 내몰아 12시간 이상을 부리면서도 밥을 제대로 주지 않았단다. 일본의 탄광 중에서도 가장 위험한 지역은 지하로 100미터나 내려가는 곳이었어. 그곳에 한 번 내려가면 일어서지도 못하고 누워서 소금 넣은 밥 한 덩이로 버티며 탄을 캐야 했지. 갱 안의 온도가 40도가 넘었다니 얼마나 힘들었을까? 견디다 못해 도망이라도 치다 걸리면 **컨베이어 벨트**로 맞았는데 몇 대 맞기도 전에 기절하고 말았다니, 아마 그곳은 지옥이었나 보다. 게다가 도망가지 못하게 두 사람의 발을 함께 묶어 놓기까지 했다더구나.

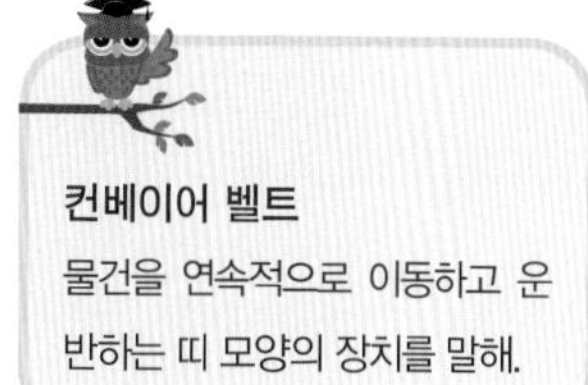

컨베이어 벨트
물건을 연속적으로 이동하고 운반하는 띠 모양의 장치를 말해.

강제 징용자들

한국인 합숙소 벽에 쓰인 글자

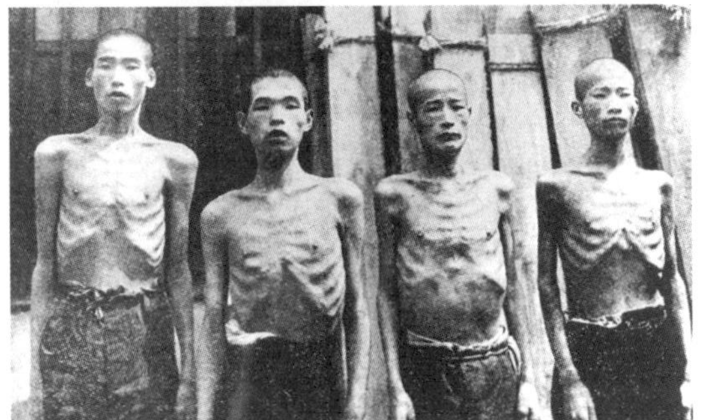

(독립기념관 제공)

현재의 군함도

군함 모양의 섬인데
이곳에 조선인이 강제로 끌려와
백 명이 넘게 사망했어.
그 가슴 아픈 이야기는 쏙 빼고
2015년 근대화의 상징으로
세계문화유산이 되었는데
일본 최초의 콘크리트 구조물
아파트가 있기 때문이래.

(故)김순덕 할머니가 그린 〈끌려감〉 - (나눔의 집 제공)

정신대에서는 말로 다 할 수 없는 인권 유린이 벌어졌지. 소금 밥 한 덩이로 혹독한 노동에 시달린 근로 정신대는 그나마 나은 것이었어. 일본 군부대까지 끌려간 정신대에서는 그 무엇으로도 보상이 안 되는 참담한 인권 유린이 벌어졌단다. 가난한 집안을 도울 수 있게 취직시켜 준다는 말로 속이거나 강제로 끌려가 군인들에게 온갖 폭행을 당한 소녀들이 있었던 거야! 이 소녀들은 일본군이 점령했던 아시아 곳곳에서 짐승만도 못한 성폭력을 당하며 몸과 마음이 모두 부서졌단다. 간신히 살아남아 돌아왔어도 그 상처 때문에 심한 고통을 당해야 했지…….

미국이 연합군에게 힘을 보태면서 일본이 궁지에 몰리자 그들은 해서는 안 되는 일까지 하더구나. 신의 바람이라는 뜻의 '가미카제'라는 특공대를 만들어 미군을 공격했는데 자기네 군인들을 무기로 사용했지. 그 잔혹함에 세계가 깜짝 놀랐단다. 글쎄, 군인을 태운 비

일제는 가미카제가 산더미 같은
미국 군함을 조각조각 부순다고
했지만 부서진 건 사람뿐이었어.

박동훈(당시 17세)

야스쿠니 신사
나라를 위해 목숨을 바친 영령을 모신 곳인데 침략 전쟁에 참전했던 군인들도 모셔졌어.

행기나 어뢰에 폭탄을 실어 적의 배를 공격하게 했다지 뭐냐!

폭탄과 함께 죽는 군인은 조국을 위해 영광스럽게 죽는 거라고 했지만 두려움 때문에 실패하는 경우가 많았지. 그런데도 군인들을 가미카제 특공대로 내몰아 일본군이 얼마나 용맹한지 보여 주려고 했다는구나. 사람을 무기로 쓸 정도로 일본은 궁지에 몰리고 있었어.

이 무모한 일에 안타깝게도 우리 조선 젊은이들도 끼게 됐단다. 일본군이 된 조선인들도 가미카제 특공대로 끌려갈 수밖에 없었으니까. 우리를 노예로 부리는 일제를 위해 죽어야 했던 젊은이들은 얼마나 억울했을까? 그런데 죽어서도 고국으로 돌아오지 못하고 그들의 전쟁 영웅으로 모셔져 **야스쿠니 신사**에 일본군과 함께 있단다. 우리의 젊은 혼령들이 죽어서도 영원히 일본군으로 묶여 있기를 원할까? 유해를 돌려 달라는 우리 요구를 묵살하는 일본의 속을 알 길이 없구나.

드디어 해방

조선 민중의 밥그릇과 수저까지 빼앗아 총알을 만들고 전쟁을 이어 갈 기름이 모자라자 소나무 송진까지 바치라던 일제는 결국 항복하고 말았어. 그것도 함께 전쟁을 일으켰던 독일과 이탈리아가 항복했는데도 끝까지 버티다 원자 폭탄을 두 번이나 맞고 나서야 항복했지. 전쟁과 원자 폭탄으로 국민을 끔찍한 불행으로 몰아넣은 다음에야 말이야.

일제의 무모한 꿈이 산산조각이 나면서 일본 국민들은 패망의 아픔과 굶주림에 허덕이게 되었지. 남의 나라를 강제로 점령하고 괴롭히며 아시아를 전쟁 속으로 몰아넣었던 사나운 욕심의 끝은 몰락이었단다.

그런데, 그런데 말이다, 얘들아! 일본이 항복한 것이 삼각산이 더덩실 춤을 추고 한강물이 용솟음칠 만큼 기쁠 줄만 알았는데 그렇게 기쁘지만은 않더구나. 살아 돌아와 꿈에도 사무치던 조국 땅을 형님들을 대신해 밟았다만 가슴에 찬바람이 불었지. 왜냐고? 그 이야기는 다음 이야기꾼이 대신 해야 될 거 같다. 힘이 너무 빠져서 이야기를 이어 갈 수가 없어서 말이야. 내가 왜 이러는지는 곧 알게 될 거다…….

저자가 직접 강의하는 호락호락 한국사 1장
왼쪽의 QR코드를 찍어서 저자의 강의를 들어 보세요!
만약 QR코드가 안 될 경우에는 아래 링크로 들어오세요.
https://blog.naver.com/damnb0401/221270902251

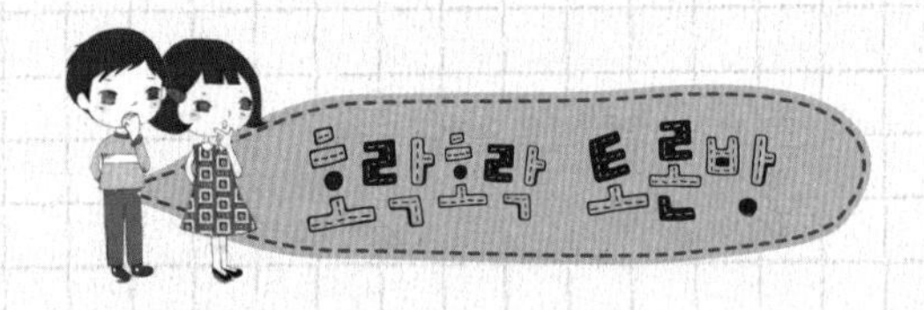

토론 주제 : 일본은 왜 평화의 소녀상을 치우라고 하는 걸까?

토론자 : 그렁군 과 딴지양 , 강일출 할머니 ,
다카무라 , 장웨이 , 한나

딴지양, 일제 강점기 때의 이야기를 듣고 나니까 마음이 너무 이상해.

나도 그래. 너~무 슬퍼. 그런데 오늘 삼국의 문화재 이야기 할 때 나왔던 아이들이 다 나온다며?

그래? 다카무라, 장웨이 둘 다?

어머, 나도 나온다는 이야긴 못 들었나 보구나? 나는 독일에서 온 한나라고 해.

헉, 금발에 푸른 눈!

얘는 인사는 안 하고 뭐라는 거야? 나는 딴지양, 얘는 그렁군이야. 한나, 반가워!

여어~ 오랜만!

한나는 내 친구야. 한국에 온 지 꽤 돼서 한국말도 잘해. 호락호락 토론방이 뭔지 궁금하다기에 데려왔어. 그런데 오늘 주제는 뭐니?

그게…… 좀.

다카무라, 너희 나라하고 우리나라가 다투고 있는 문제야. '일본은 왜 평화의 소녀상을 치우라고 하는 걸까?'거든.

평화의 소녀상? 그거 우리 독일 레겐스부르크의 공원에도 있어. '순이'라는 단발머리 소녀상인데 단정하고 야무져 보이더라.

와~ 독일에도? 우리 중국, 한국과 중국의 소녀상이 나란히 앉아 있다. 일본은 우리 중국 소녀들도 잡아갔다.

어, 뭐야? 이거 오늘 내 편은 하나도 없는 거네?

이게 뭐 축구 경기도 아닌데 내 편, 네 편이 어딨어? 주제에 대해서 이야기를 나누면서 서로를 이해하는 거지.

다카무라, 대답해 줘. 왜 일본 사람들은 평화의 소녀상을 치우라고 하는 거니?

그건 우리 일본 대사관이나 영사관 바로 앞에 세우니까 그런 거지. 아무리 한국 땅이라지만 바로 코앞에 세우는 건 너무하잖아.

왜? 어린 소녀가 앉아 있는 동상이 뭐가 어때서?

바로 그거야. 왜 위안부 문제를 사과하라면서 어린 소녀상을 들이미는 건데? 마치 우리 일본이 어린 소녀를 납치해서

한국과 중국의 소녀상

위안부로 끌고 간 것처럼 보이잖아. 세계 사람들이 우리 일본 사람들을 뭐로 보겠냐?

일제 강점기 때 일본군이 조선의 어린 소녀를 끌고 간 거 맞아. 초등학생부터 아이가 있는 엄마까지 끌고 갔다던걸?

증거 있냐? 우리 일본 사람들이 기록 잘하는 걸로 유명한 거 너희들도 알지? 그런데 그런 기록은 없다고!

전쟁터에 어린 소녀를 끌고 갔던 게 부끄러워서 기록 안 한 거 아니니? 아니면 다 없애 버렸거나!

얘야, 증거도 기록도 없으니 거짓말이라는 거냐? 내가 바로 살아 있는 증거다. 내 나이 열여섯에 집으로 들이닥친 일본군에게 강제로 중국까지 끌려갔었지. 그곳에서 짐승보다 못한 취급을 받다가 장티푸스에 걸리니까 불에 태워 죽이려 하더구나. 마침 광복군과 일본군의 전투가 벌어져 겨우 살아서 돌아올 수 있었어.

지옥 같던 그때 기억을 그림으로 그렸는데 뜻있는 분들이 주머니를 털어 '귀향'이라는 영화까지 만들어 주더구나. 그걸 보면 우리가 거짓말을 하는 것이 아니라는 것을 알 거다. 누가 그런 끔찍한 거짓말을 하겠냐…….

아흐~ 못 보겠다. 그런데 우리 아빠가 일본 정부가 사죄도 하고 배상도 했다고 그러시던데요?

아, 그래요! 한국 정부와 일본 정부의 외무부 장관이 만나서 **'위안부 문제 합의'**를 끝냈다고 그러던데, 아닌가요? 일본이 한국

강일출 할머니가 그린 〈태워지는 처녀들〉
(나눔의 집 제공)

영화 〈귀향〉의 한 장면(출처: 네이버 영화)

에게 충분한 사과와 보상을 끝냈는데 왜 소녀 상을 철거하지 않느냐고 항의해서 독일 소녀 상이 철거될지도 모른다던데…….

위안부 합의
2015년 박근혜 정부가 일본 정부와 일본군 위안부 피해자 문제 해결 방안에 합의했으나 당사자인 할머니들의 뜻을 묻지 않아 문제가 되고 있어.

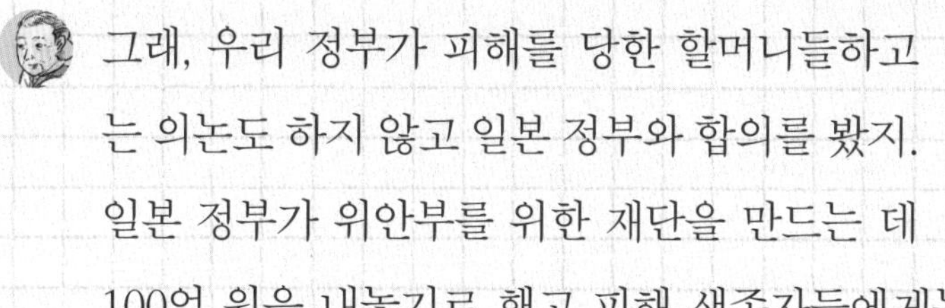

그래, 우리 정부가 피해를 당한 할머니들하고는 의논도 하지 않고 일본 정부와 합의를 봤지. 일본 정부가 위안부를 위한 재단을 만드는 데 100억 원을 내놓기로 했고 피해 생존자들에게는 지원금도 주기로 했나더구나.

거 봐요! 우리 일본이 좀 늦긴 했지만 100억 원이나 내놓았잖아요! 그리고 지원금도 다 드린다고 하잖아요?

뭐, 좀 늦긴 했지만? 야, 다카무라! 우리가 1945년에 해방이 됐는데 2015년에 합의가 됐으면 70년 뒤 아냐? 돌아가신 분들이 더 많겠다! 다 돌아가실 때까지 기다리려던 거 아니야?

그러게. 70년 뒤에 지원금을 주겠다니 너무한데? 생존자도 별로 없을 거 같다…….

끌려가신 분이 15만 명이 넘었는데 그중에 살아남은 이가 이제 서른 분쯤 될까?

헉! 끌려가신 분이 그렇게 많았단 말이에요?

어떤 분들은 지원금을 받기도 했지만 대부분의 할머니들이 지원금을 받지 않기로 했다더구나. 물론 나도 그 지원금을 받지 않았지.

아니, 왜요? 지금까지 일본의 사죄와 배상을 바라셨던 거 아니에요?

그랬지. 1991년 김학순 할머니가 용감하게 일제의 추악한 짓을 밝힌 다음 해부터 수요일마다 일본 대사관 앞에서 사죄와 배상을 요구한 지 벌써 25년이 넘었구나. 비가 오나 눈이 오나 하루도 빠짐없이 늙은 할머니들이 버티어 왔는데, 어흐흐흑…….

…… 할머니! 울지 마세요…….

그래, 어린 너희들 앞에서 할미가 못난 모습을 보였구나……. 우리는 그동안 일본 정부로부터 차갑고 모진 소리를 많이 들었다. 우리가 스스로 전쟁터에 가서 돈을 벌어 놓고 이제 와서 강제로 잡혀갔다 거짓말하며 돈을 뜯어내려 한다는 기막힌 소리까지 들었지. 원 세상에! 누가 돈 몇 푼 받자고 그런 참혹한 거짓말을 수십 년에 걸쳐 한단 말이냐?

그런데 제대로 된 사죄도 하지 않고 배상금도 아닌 고작 지원금 몇 푼으로 끝내려 하다니 이게 무슨 말도 안 되는 일인지 억장이 무너지는구나!

어~ 사죄를 안 했다고요? 이상하다, 여러 번 했다던데……. 한국이 안 받아들인 거 아녜요?

얘야, 형식적인 사죄와 진심 어린 사죄는 다르지. 우리는 단 한 번도 마음에서 우러난 사죄를 받아 본 적이 없단다. 여러 번 잘못했다~ 하고 나서도 진짜 사죄를 한 건지 이해할 수 없는 말들을 늘어놓더구나. 강제로 데려간 게 아니라는 둥, 사죄할 필요가 없다는 둥…… 이랬다저랬다 하며 우리를 더 화나게 만들었지.

우리 독일도 제2차 세계대전을 일으켜 이웃 나라에 큰 피해를 줬는데 우리는 일찌감치 반성하고 사죄도 했어요. 기회가 있을 때마다 잘못을 빌었고요. 우리가 이렇게 진심 어린 태도를 보이니까 이웃 나라들도 받아 주던걸요?

와아~ 총리가 무릎 꿇었다! 정말 어떤 말보다 진심이 느껴진다.

무릎 꿇은 빌리 브란트 독일 총리

끄응~ 그런데 할머니, 배상금이 아닌 지원금은 나쁜 거예요? 왜 안 받으시겠다는 건지 이해할 수 없어요.

그건 배상금이 아니기 때문이야. 배상금에는 사죄하는 마음과 법적 책임을 지겠다는 뜻이 담기는 거란다. 그런데 일본 정부가 배상금이 아니라 지원금이라고 밝히는 건 진짜 사죄할 마음도 없고 적은 돈으로 전쟁 범죄를 덮어 버리고 빨리 끝내려는 꼼수를 부리는 거지.

할머니! 일본은 전쟁 때 저지른 범죄, 감추려고만 한대요. 타이완, 필리핀, 말레이시아, 인도네시아, 중국, 네덜란드에도 끌려간 위안부 있대요. 증언 많아요. 그래서 미국이 빨리 사죄해라 하니까 뒤늦게 해결하려는 거래요. 그리고 일본에서도 위안부 자료가 발견됐대요. 할머니들, 거짓말쟁이 아녜요, 일본이 거짓말쟁이예요.

자료가 남았다니 다행이구나! 일본은 수십만이 넘는 여자들을 전쟁터로 보내 평생 몸과 마음의 고통에서 벗어날 수 없는 참혹한 인권 유린을 저질렀다. 그런데도 제대로 된 사죄도 없이 배상금도 아닌 지원금 몇 푼으로 쉽게 끝을 낸다면 이건 아주 큰 문제가 될 게야.

그런 일은 절대 일어나서는 안 되겠지만 만약 전쟁이 또 일어나면 이런 불행한 일이 되풀이될 게 아니냐? 어느 소녀가 또 나와 같은 일을 겪는다는 생각만으로도 나는 숨을…… 쉬지…… 못하…… 학학…….

할머니!!!

…… 잠시 옛일이 떠올라 숨이 막혀서…… 우리 할머니들은 소녀 때 겪은 그 끔찍하고 치욕스런 일을 절대 입 밖에 내지 않고 살았지. 무덤까지 가지고 갈 비밀이라고 생각했다. 그런데 우리가 한마디 말도 하지 않고 세상을 떠나면 일본의 전쟁 범죄는 저들이 말하는 대로 다 덮이는 거 아니냐? 아무 일도 없던 것처럼 말이다. 그 생각을 하니 도저히 견딜 수가 없더구나. 저들이 얼마나 잔혹한 일을 저질렀는지 낱낱이 밝혀야겠다는 생각에 그 흉측한 이야기를 하고 또 했건만…….

훌쩍 훌쩍……. 너무해. 떠올리기도 끔찍한 이야기를 20년 넘게 하고 계시다니 정말 너무해…….

야, 다카무라, 그런데도 아베 총리가 '100억은 배상금 아니다', 위안부 할머니들한테 '사과 편지 쓸 생각 털끝만큼도 없다' 이랬다면서?

끄응~ 자꾸 미안해지네……. 지금까지 일본 정부가 진심이 담기지 않은 사죄를 한 것도 미안한데 우리 총리가 그런 말까지 했대? 하지만 우리 아빠가 전 총리들은 사과 편지를 썼다고 하시던데…….

전 총리들이 할머니들에게 사과 편지를 쓰긴 했는데 그건 일본 정부의 공식 입장으로 보기는 부족하대. 전쟁을 일으킨 책임자 그러니까 일본의 왕과 정부가 할머니들이 진심으로 받아들일 사죄를 해야 하는 거 아닐까? 평생 고통을 당하신 분들의 입장에서 생각해 주었으면 좋겠어. 그런 다음 법적으로도 책임을 지는 배상금을 드려야 문제를 해결할 수 있을 거 같아. 할머니들이 걱정하시는 건 이 문제가 허술하게 끝나서 같은 일이 반복되는 거니까 절대 그런 일은 없을 거라는 확신을 드려야 하지 않겠니?

그래. 그래야 이웃 나라들과 잘 지낼 수 있어. 우리 독일은 이웃 나라들과 공동 역사책까지 만들어 공부하고 있는데 진실을 가리거나 잘못 가르치는 일이 없게 하자는 거야. 왜냐하면 역사에서 배우지 못하면 미래가 없기 때문이래.

아하, 그래서 아우슈비츠 건물을 그대로 보존하면서 여러 번 견학을 가는 거구나?

맞아. 나는 그곳을 방문할 때마다 우리 선조들이 저지른 일에 머리가 쭈뼛 서는 거 같아. 말도 못하게 부끄러워서 얼굴이 빨개지도록 운 적도 있어. 어쩌면 그렇게 끔찍한 일을 했을까 싶어서 말이야.

한나야, 혹시 그 건물을 볼 때마다 부끄러운 역사가 생각난다고 없애자는 사람은 없어?

아~니, 절대! 부끄러움을 알아야 그런 잘못을 다시는 저지르지 않잖아.

일본은 한국뿐만 아니라 외국에도 평화의 소녀상을 세우는 거 집요하게 방해한다며? 그래서 미국 애틀란타에 세우려던 평화의 소녀상, 그냥 없던 일 됐다던데?

그건 선진국인 일본의 이미지가 너무 나빠질까 봐 그런 거지…….

우~ 다카무라, 한나 이야기를 뭐로 들은 거니? 부끄러움을 알아야 하기 때문에 그 끔찍한 아우슈비츠 건물도 그대로 둔다잖아? 그리고 세계 평화와 인권을 중요하게 생각해야 선진국이지 돈만 많다고 선진국이겠냐?

끄응~ 나 오늘 여기 왜 나온 거냐~.

깨달음을 얻으려고. 평화로운 세상이 되려면 어떻게 해야 하는지 알게 됐잖니?

내 생각엔 평화의 소녀상을 세계 곳곳에 세워 전쟁에서 여자를 성노예로 부리는 인권 유린은 절대 없어야 한다는 메시지를 전했으면 좋겠어! 아직도 세계 곳곳에선 여성의 인권을 짓밟는 일이 일어나고 있으니까.

내 말이!

에구, 기특한 녀석들! 그리 생각해 주니 고맙다, 고마워! 너희들을 보니 내 어릴 적 생각이 나는구나. 풀각시 만들고 흙 콩콩 찧어 소꿉장난하던 일이 엊그제 같은데…… 울 아부지 지게에 날 올리고 "우리 일출이 장대 같은 서방 만나 아들딸 낳고 복 넘치게 살아야지!" 하셨는데……. 내가~ 풀각시 만들며 부르던 노래 한가락 해 주마.

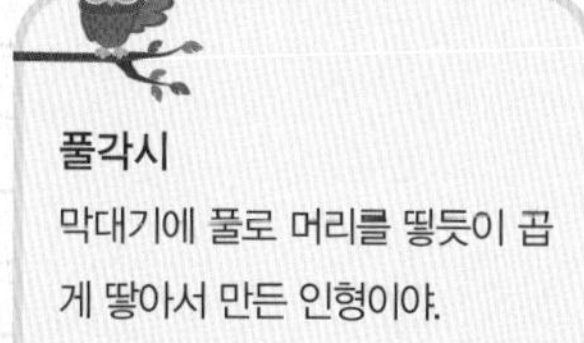

풀각시
막대기에 풀로 머리를 땋듯이 곱게 땋아서 만든 인형이야.

풀을 꺾어 머리 허고 가지 꺾어 비녀 꽂고

앞산에 핀 빨간 꽃아 뒷산에 핀 노란 꽃아

빨간 꽃은 치마 짓고 노란 꽃은 저고리 지어

게딱지로 솥을 걸어 흙가루로 밥을 허고

솔잎일랑 국수 말아 풀각시를 절 시키네

풀각시가 절을 허면 망건을 쓴 새신랑이

꼭지꼭지 흔들면서 따개비로 물 마시네

    와아~ 할머니 노랫소리 너무 좋아요! 또 들려주세요, 네?

세계에 건립된 소녀상

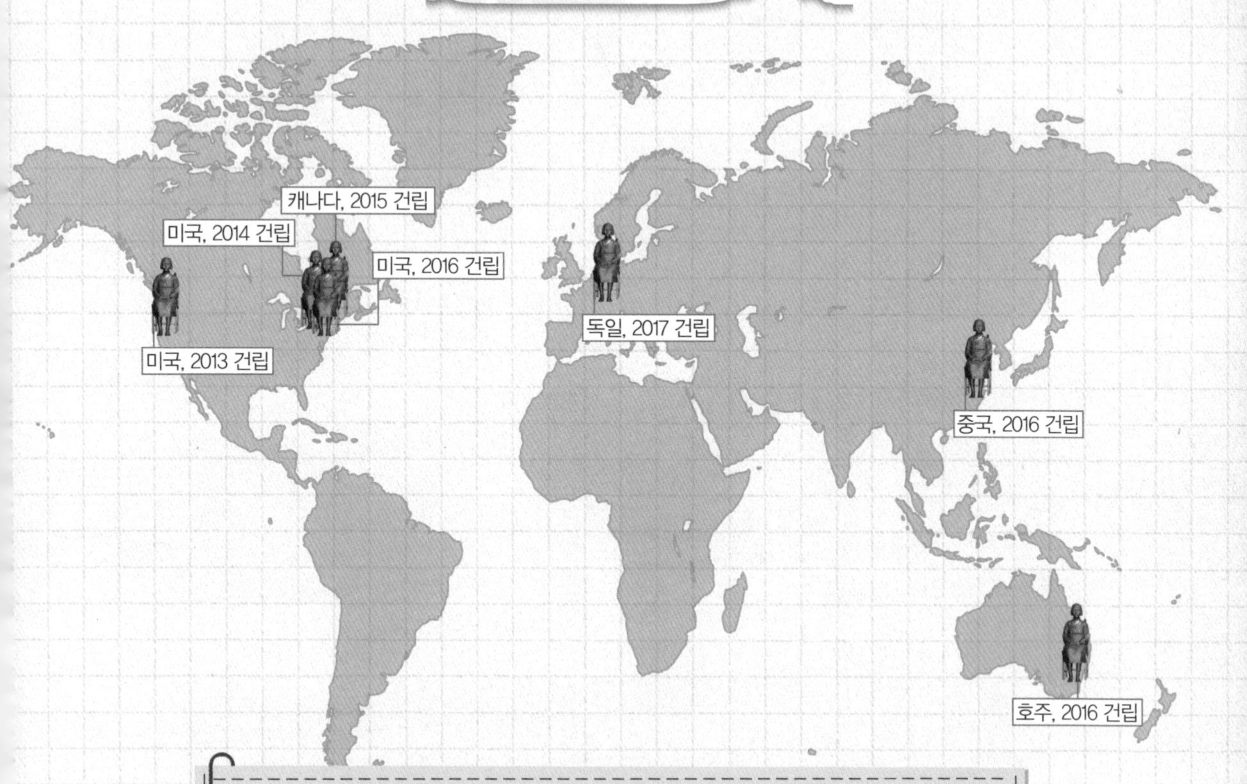

평화의 소녀상 진짜 이름은 '평화비'이다. 2011년 일본 대사관 앞에 세워진 120센티미터의 동상은 아담하고 다부진 소녀가 주먹을 꼬옥 쥐고 단정하게 앉아 있는 모습이다. 일본 대사관 앞에서 피해 할머니들이 수요일마다 일본의 반성과 사죄 그리고 법적인 배상을 요구한 지 1000회를 기념하기 위해 세워졌다. 미국, 캐나다, 중국, 독일, 호주에도 7개의 소녀상이 세워져 전 세계 여성 성폭력 피해자와 인권 침해에 반대하는 반전과 평화의 상징으로 자리매김하고 있으며, 앞으로도 더 세워지리라 본다.

일본 친구 다카무라는 그렇군의 블로그를 빌려 글을 쓰고 싶어 했다. 그렇군은 흔쾌히 부탁을 들어주었다.

진심이 담긴 사과와 반성이 먼저네

나는 일본에서 온 다카무라야.

우리나라 총리들이 위안부 할머니들께 사과 편지도 보냈고 합의도 했다던데, 우리 대사관과 영사관 앞에 평화의 소녀상을 세우고 다른 나라에도 세우려 하니까 우린 정말 화가 났어. 사죄와 돈을 다 받고도 딴소리하는 한국이 정말 싫더라. 그런데 우리 일본이 진심이 담긴 반성과 사죄는 하지 않은 채 돈으로만 해결하려 들었다는 걸 깨닫게 되었지…….

나는 **히로시마 원폭 돔**을 보면서 제2차 세계대전 때 미군이 아무 잘못도 없는 민간인을 죽인 건 정말 나쁜 짓이라고 생각했어. 죽은 사람들을 위로하기 위해 **모토야쓰 강**

히로시마 원폭 돔
히로시마 상업 전시관이었는데 원자 폭탄의 피해로 반파된 채 평화기념관이 되어 전쟁의 참상을 알리고 있어.

모토야쓰 강
원폭 돔 옆에 있는 강으로 원폭에 희생된 수천 명이 재가 되어 뿌려진 곳이야. 원폭이 투하된 8월 6일에는 매년 갖가지 종이배를 띄워 영혼을 위로한대.

에 종이 등을 띄우며 마음이 너무 아파서 울기도 했지. 이런 일을 당해선 안 된다고 주먹을 불끈 쥐기도 했는데……. 일본의 욕심으로 아시아 여러 나라 사람들이 우리만큼이나 피해를 입었다는 말에 깜짝 놀랐어.

있잖아, 히로시마 원폭 돔에도 평화의 소녀상이 세워지면 좋겠다. 그래야 전쟁이 되풀이되어선 안 된다는 원폭 돔의 뜻이 더 빛날 거 같아.

한국과 아시아 친구들~ 정말, 정말 미안해. 우리가 만드는 세상에선 다시는 이런 슬픈 일들이 일어나지 않게 하자!

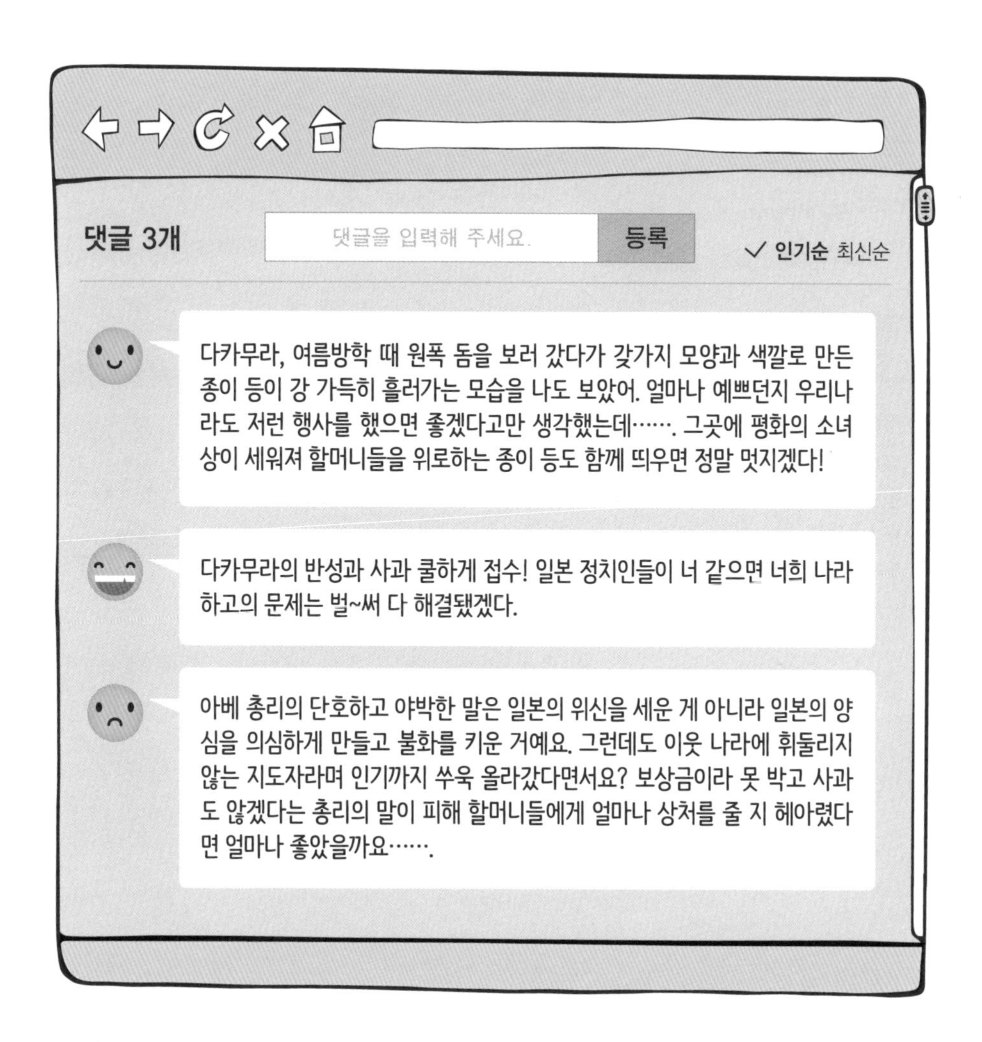

독일 친구 한나는 딴지양의 블로그를 빌려 평화의 소녀상을 보고 온 글을 쓰고 싶어 했다. 딴지양은 얼른 부탁을 들어주었다.

평화를 바라는 소녀상

안녕, 나는 독일에서 온 한나라고 해. 일본 대사관 앞에 세워진 평화의 소녀상을 보러 갔는데 나보다도 작아서 안아 주고 싶었어. 소녀상 옆에는 빈 의자가 하나 놓여 있고 할머니 모습의 그림자도 있더라. 빈 의자는 **수요 집회**에 나오셨다가 돌아가신 분들을 위한 자리이고 그림자는 일본의 반성과 사과를 받지 못한 채 한 맺힌 세월을 보내신 할머니들의 시간을 표현한 거래. 나는 그 소리에 눈물이 왈칵 나왔어. 소녀가 할머니가 될 때까지 아니 돌아가실 때까지 사죄도 못 받으시다니 정말 너무하다는 생각이 들었지.

수요 집회
1992년부터 매주 수요일마다 일본 대사관 앞에서 일본군 성노예 문제 해결을 요구하고 있지만 일본의 반응은 차가워.

소녀상엔 언제나 꽃이 놓여 있고 여름엔 시원한 모자가, 겨울이면 털모자와 목도리, 양말이 입혀진다던걸? 늘 소녀와 함께하는 사람들이 있는 거 같아 마음이 따뜻해졌어. 주먹 쥔 손을 무릎에 올리고 단정히 앉아 있는 소녀는 다시는 전쟁을 일으키지 않겠다는 일본의 다짐을 받으려는 게 아닐까 하는 생각이 들더라. 그 바람이 꼭 이루어져서 평화를 상징하는 소녀상으로 세계 곳곳에 세워졌으면 좋겠다! 그리고 독일에 세워진 소녀상도 무사하길 바라.

그럼, 안녕~.

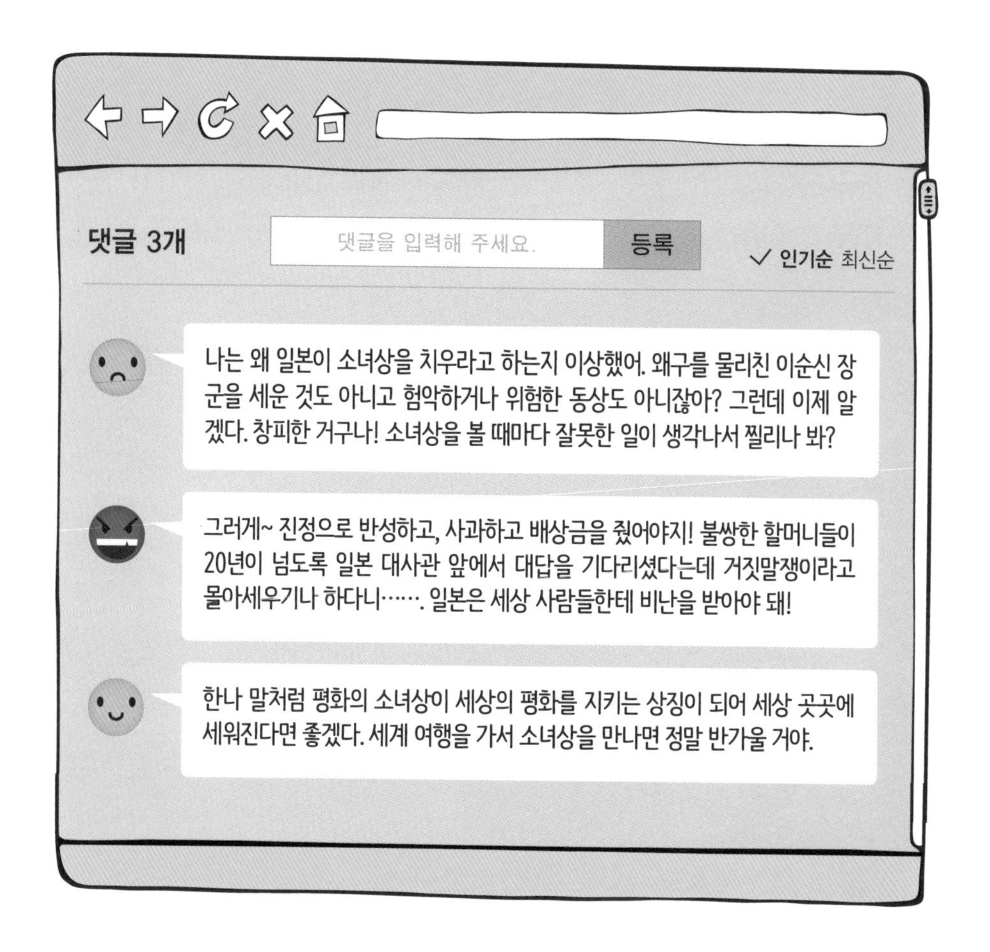

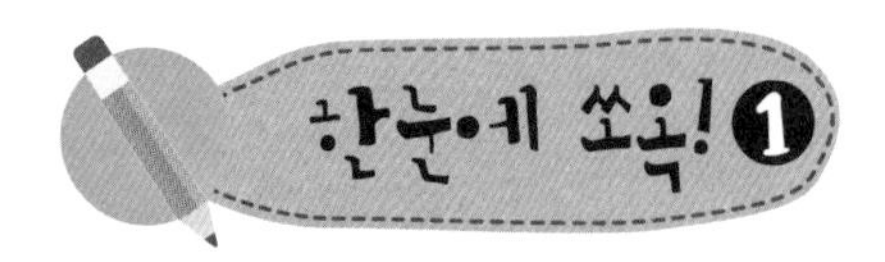

여자 독립군도 많았어!

남자 독립군 못지않게 용맹했던 여자 독립군들을 소개할게. 그들은 백성된 도리에는 남녀가 따로 없다며 한반도 곳곳에서 그리고 먼 나라에서도 조국의 독립을 위해 싸웠단다.

유명한 독립운동가들에 가려져 있는 김구의 어머니 곽낙원, 이회영의 아내 이은숙, 신채호의 아내 박자혜도 훌륭한 투사들이었단 걸 잊지 말아 줘!

① 힘없는 사람들의 대변자

김알렉산드리아(1885~1918)

농부였던 우리 아버지가 땅을 얻기 위해 연해주로 이주하셔서 나는 그곳에서 태어났어. 교사가 되고 폴란드 귀족과 결혼도 했지만 억압에 고통당하는 사람들을 위해 투사가 되었지. 진정한 자유와 독립은 힘으로 세상을 지배하는 세력으로부터 벗어나는 것이라 믿었거든. 온몸에 칼자국이 난 채 총살당했지만 나는 모든 사람의 자유를 위해 목숨을 걸었기에 후회하지 않아!

② 세 손가락 장군

남자현(1872~1933)

집안의 남자들은 항일 운동에 나섰다가 다 돌아가셨지. 그래서 49세에 만주로 들어가 독립운동을 했단다. 군자금을 마련하기 위해 국경을 여러 번 넘고 독립운동가들이 흩어질 때마다 손가락을 끊어 단결을 호소해 세 손가락 장군으로도 불렸지. 예순이 넘은 나이에 우리 동포를 괴롭히는 일본인을 암살하려다 고문을 당했고 그 후유증으로 숨을 거두었어. 하지만 나는 반드시 독립할 것이라 믿었고 독립 축하금을 남겼는데 그 돈이 요긴하게 쓰였는지 모르겠구나.

③ 항일을 숙명으로 여긴

박차정(1910~1944)

항일은 우리 집안과 나의 숙명이었어. 고향인 부산에서 14살부터 시작한 항일 운동은 중국으로 망명해서까지 이어졌지. 중국에서 의열단을 이끌던 김원봉 선생과 결혼해 여성 독립운동가를 양성하며 무장 투쟁을 벌였단다. 하지만 34세에 총상을 입어 눈을 감아야 했는데 그때가 해방 1년 전이라 하더구나…….

④ 북한의 유관순

동풍신(1904~1921)

내 고향 함경북도 명천에는 3.1 운동 소식이 늦게 전해졌지만 만세 소리만은 드높았어. 만세를 부르시던 아버지는 총에 맞아 돌아가시고 나는 체포되어 갖은 고문을 당했지. 서대문 형무소로 이감되었다가 죽음을 맞았는데 그때가 17살이었단다.

⑤ 독립 만세를 부른 기생

김향화(1897~?)

나, 김향화는 기생이었지. 그러나 독립 만세를 부르는 데 직업의 귀천 따위는 없다고 생각했어. 동료 기생들과 만세를 부르다 주동자로 체포되어 옥살이를 했단다. 죄목은 보안법 위반! 나라의 독립을 바란 것이 보안법 위반이라니 어처구니가 없었지.

⑥ 일본의 수탈에 저항한 제주 해녀

부춘화(1908~?)

질 좋은 해산물이 풍부했던 제주는 일제와 일본 상인들의 횡포와 수탈에 무척 시달렸지. 갈수록 수탈은 더 심해졌어. 그래서 나는 해녀들을 모아 시위를 했지. 불의에 맞섰을 뿐인데 일제는 나를 주동자로 체포해 2년 넘게 옥살이를 시키더구나.

우리는 항일 투쟁을 멈춘 적이 없어!

나라를 되찾기 위해 국내는 물론 만주와 중국, 네덜란드와 미국 그리고 일본에서도 우리의 싸움은 멈춘 적이 없었지. 목숨을 바치며 희생했던 모든 분들의 투쟁을 다 싣지는 못했지만 그분들의 뜨거운 마음은 꼭 기억해줘!

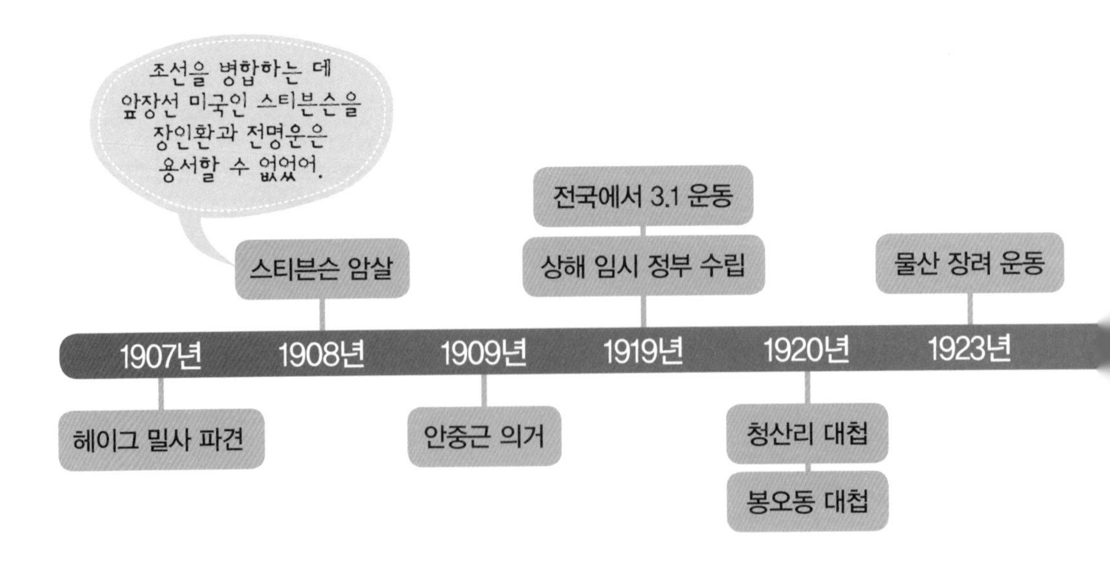

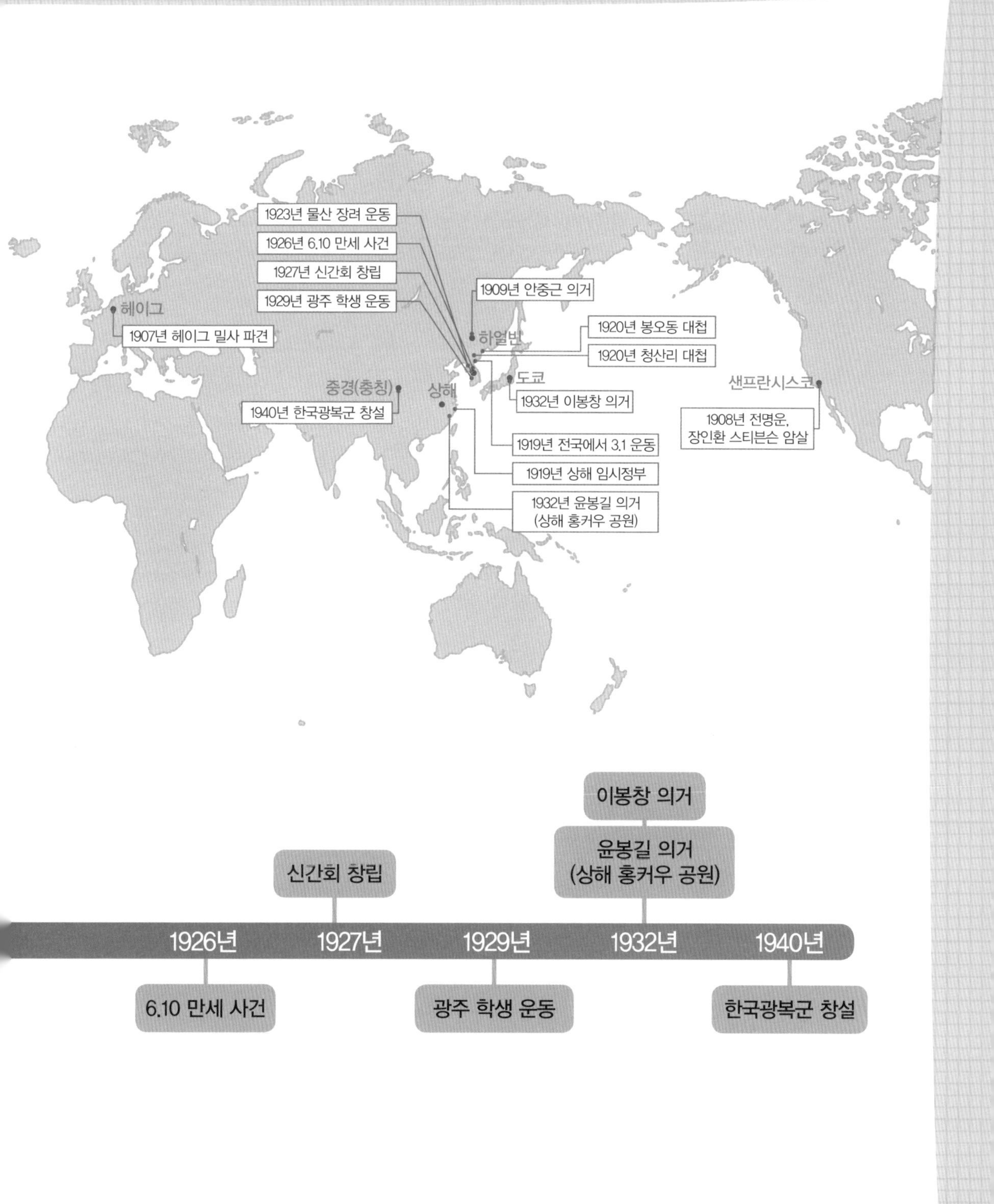

1923년 물산 장려 운동
1926년 6.10 만세 사건
1927년 신간회 창립
1929년 광주 학생 운동
1909년 안중근 의거
헤이그
1907년 헤이그 밀사 파견
하얼빈
1920년 봉오동 대첩
1920년 청산리 대첩
도쿄
중경(충칭)
상해
1940년 한국광복군 창설
1932년 이봉창 의거
샌프란시스코
1908년 전명운, 장인환 스티븐스 암살
1919년 전국에서 3.1 운동
1919년 상해 임시정부
1932년 윤봉길 의거 (상해 홍커우 공원)
이봉창 의거
윤봉길 의거 (상해 홍커우 공원)
신간회 창립
1926년
1927년
1929년
1932년
1940년
6.10 만세 사건
광주 학생 운동
한국광복군 창설

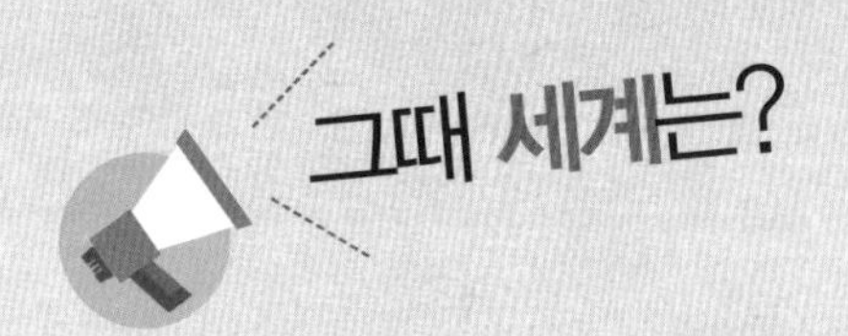

제국주의에 맞서 싸운 영웅들이야

19세기부터 근대화를 먼저 이룬 나라들이 식민지를 찾아 나선 제국주의 시대였잖아? 이들의 침략에 목숨 걸고 맞선 영웅들이 세상 곳곳에 있었어. 이들의 노력으로 제2차 세계대전이 끝난 뒤 많은 나라들이 독립할 수 있었지. 그래서 제국주의 압제에서 벗어난 수많은 사람들은 이들의 희생을 잊지 않고 있단다.

1849~1905
무함마드 압두(이집트)

이슬람 전통을 지키면서 과학기술을 받아들여 이슬람 세계를 개혁하자고 했어. 영국으로부터 독립하려면 이집트 학생들을 교육시키고 정치도 개혁해야 한다고 주장했지.

1783~1830
시몬 볼리바르(베네수엘라)

스페인의 지배를 받던 남아메리카 여러 나라를 독립시킨 영웅이야. 그래서 '남아메리카 해방자'로 불렸어. 그는 남아메리카가 각 나라로 쪼개지지 않고 단합해서 미국에 끌려다니지 않길 바랐어. 하지만 그 바람은 이뤄지지 않았지.

1867~1940
판 보이 쩌우(베트남)

프랑스의 지배에서 벗어나려면 일본에 유학생을 보내 새로운 사상을 배워야 한다고 주장해 인재를 키워냈어. 월남광복회를 만들고 무장투쟁도 벌이며 독립운동을 이끌어 베트남인의 존경을 받고 있지.

1869~1948
마하트마 간디(인도)

비폭력 불복종(무저항) 운동으로 인도 국민들과 함께 영국 지배에 대항했어. 영국 옷감 대신 직접 짠 옷을 입고, 힌디어로 연설하는 모습에 수많은 인도인들이 이 운동에 동참했지. 전 세계인들도 감동했다던걸?

1866~1925
쑨원(중국)

반식민지가 된 중국, 혼란에 빠진 중국인을 근대화로 이끌어 청나라를 무너뜨리고 중화민국을 세웠어. 그래서 '근대 중국의 아버지'라 불린단다.

1861~1896
호세 리살(필리핀)

스페인이 필리핀인들을 얼마나 잔혹하게 통치하는지 고발하는 소설을 쓰며 독립운동에 뛰어들었어. 필리핀인을 단결시켜 독립운동의 힘을 기르려다 공개 처형당했는데 이 일은 필리핀인의 독립 의지를 타오르게 했지. 그래서 필리핀 독립의 아버지로 불린단다.

1879~1904
카르티니(인도네시아)

네덜란드 식민지에서 벗어나는 길은 교육에 있다고 생각했어. 특히 여성을 교육시켜야 한다며 여학교를 세웠지. 지금도 '인도네시아의 어머니'로 불리며 존경받고 있단다.

1943년
카이로 회담
한국 독립 약속

1945년
포츠담 회담
한국 해방

1946년 3월, 1947년 5월
미소 공동위원회

1947년 7월
여운형 피살

1948년 4월 3일
제주도 4.3 항쟁

1948년
8월 15일 대한민국 정부 수립

1949년
반민족행위특별조사위원회 설립
김구 선생, 안두희에게 피살

1950년
6월 25일 전쟁

1951년
1.4 후퇴

1953년
7월 27일 정전 협정

2장

우리끼리 싸우는 전쟁이 일어났지

얘들아, 안녕!
나는 삼국 시대에 나왔던 이야기꾼, 한강이란다.
조선 사람들이 일제의 지배를 받다가
삼각산도 춤을 추고 한강 물이 용솟음칠 해방을 맞았다기에
기쁜 마음에 다시 이야기꾼으로 나왔지.
그런데 해방의 기쁨은 잠깐이었다가
한반도는 또다시 혼란과 슬픔으로 아수라장이 되고 말더구나.
나는 이제나저제나 평화의 강이 되기만을 기다렸는데 말이야…….

한강이 들려주는 6.25 전쟁 이야기

『호락호락 한국사』를 읽는 친구들, 안녕! 나는 한강이란다. 1400여 년 전 삼국의 통일 전쟁 이야기를 들려주었던 바로 그 한강이야. 그땐 삼국이 격렬하게 다투어 슬픈 일이 많았지. 그런데 이번엔 삼각산이 춤을 추고 나, 한강이 용솟음칠 해방이 왔다기에 즐거운 마음으로 한걸음에 달려왔어. 일제 35년 11개월의 고통스런 역사가 끝나다니 정말 기쁜 날이야!

아, 그런데 가슴 벅차게 기뻤던 날들이 점점 혼란스러워지더니 암울해졌지. 끝내는 내가 보아 온 전쟁 중에서 가장 참혹한 전쟁이 벌어지고 말더구나. 그 모습에 한반도의 모든 강들이 울고 산들은 탄식에 잠겼던 걸 이 땅의 사람들은 알런지…….

해방이 되어 잠시 기쁨에 들떴다가 혼란과 전쟁을 겪는 이야기는 너희들을 어리둥절하게 만들지도 몰라. 이야기를 전하는 나도 참 힘들고 어린 너희들이 이해할 수 있을까 걱정도 되는구나. 하지만 너희들과 아주 가까운 역사니까 잘 알아 둬야겠지? 이제 곧 너희들은 역사를 만들어 가는 사람들이 될 테니까!

아, 아 해방

한반도를 말도 못할 불행으로 몰아넣던 일제는 제2차 세계대전까지 일으켜 중국과 아시아 여러 곳을 차지했지. 그렇게 힘자랑을 하더니 점점 힘겨워하는 것 같았어. 사람들은 서로 대놓고 말은 못했지만 저러다 일제가 망할 거 같다는 짐작은 하고 있었지. 미국과 전쟁을 벌이면서 군인까지 무기로 쓰는 모습이 꼭 패배하기 직전 같았거든.

학교에 다니는 아이들까지도 물놀이를 하며 목소리를 낮추어 이런 소리를 하더구나. 날마다 대일본제국이 이기고 있다며 뻐기던 일본 선생님이 하루는 '텐노헤이까, 만자이' 이러더니 울더라는 거야. '천황 폐하, 만세' 이러면서 울다니 이상하다면서 아무래도 일제가 지고 있는 거 같다고 하던걸? 그리고 사람들을 들들 볶아서 솔방울을 줍게 하는 건 비행기의 연료가 모자라서 그러는 건데 사실은 그걸 연료로 쓸 수도 없다는 거야. 무엇엔가 쫓기듯 닦달하는 것만 봐도 일제의 멸망이 멀지 않은 거 같다더니…… 정말이었어!

제2차 세계대전을 함께 일으켰던 이탈리아와 독일이 항복했는데도 끝까지 버티던 일제는 1945년 8월 15일이 돼서야 손을 들더구나. 일본 사람들이 신처럼 떠받들던 천황이 연합군에게 항복한다는 방송을 내보냈지. 기운이 다 빠지고 더듬대는 천황의 항복 선언은 너무 어려워서 잘 알아들을 수는 없었어. 하지만 방송을 듣는 일본 사람들 표정이 점점 침통해지는 걸 보면서 드디어 일제가 패망했다는 건 알 수 있었단다! 감격에 가슴이 터질 거 같았지. 하지만~ 워낙 일제가

서대문 형무소

1908년 일본인의 설계로 지어진 근대식 감옥이야. 수많은 항일 운동가들이 이곳에 수감되어 고초를 겪거나 순국했단다.

서대문 형무소

사괘

태극기의 네 귀퉁이에 그려진 괘로 각각 하늘, 땅, 해, 달을 의미한단다.

여운형

독립운동가로 해방 후 강대국에 기대지 말고 우리 힘으로 통일과 건국을 이루자고 주장했어.

건국준비위원회

광복과 함께 만들어진 건국준비 단체인데 여운형이 위원장을 맡았지.

혹독하게 굴었기 때문에 섣불리 좋아라 했다가 큰일을 당할까 봐, 사람들은 조심스러워했지.

다음 날 **서대문 형무소**에 갇혀 있던 독립투사들이 풀려나와 만세를 부르자 사람들은 기다렸다는 듯이 몰려나왔어. 무엇에든 태극기를 그려서 들고 나와서는 목청껏 만세를 부르며 감격스러워했단다. 기쁜 마음에 들고 나온 태극기는 갖가지였어. 붉은 일장기에 반만 파란색을 덧칠한 것도 있고 **사괘**도 제대로 그린 것이 드물었지. 오랫동안 태극기를 보지 못했기 때문이란다. 그러나 함께 일제의 고통을 이겨낸 한민족이라는 기쁨은 삼천리 방방곡곡을 가득 채우고도 남았지!!!

시내를 가득 메운 사람들의 물결

끝까지 훼방을 놓은 일본

전쟁에서 패하자 일제는 독립운동가 여운형 선생에게 한반도에 있는 일본인들이 무사히 빠져나갈 수 있게 해달라는 부탁을 했다더구나. 저희들이 지은 죄가 하도 커서 걱정스러웠겠지. 여운형 선생은 도쿄에 가서도 일제가 패망했을 때를 생각하라며 그들의 잘못을 지적하고 걱정도 하던 통이 큰 분이었단다. 그래서 자신들의 안전을 부탁할 만한 인물이라고 생각했을 거야.

일제가 35년 넘게 저지른 일을 생각하면 안전하게 보내는 것이 너무 억울했지. 하지만 보복은 더 큰 혼란을 가져올 것이라 판단한 이 땅의 선량하고 현명한 사람들은 일본인에게 큰 해를 입히지 않더구나. 그 대신 새로운 나라를 세울 건국준비위원회를 만들어 부지런히 움직였어.

그런데 말이다, 빼앗았던 권한을 내줄 듯하던 일제는 마음이 바뀌었는지 약속을 제대로 지키지 않았지. 한반도를 떠나는 날까지 조선 민중을 꼼짝 못하게 했거든. 정세를 살피던 일본은 소련군이 밀고 내려온 북쪽은 어쩔 수 없이 포기했나 보더라. 하지만 남쪽의 치안은 끝까지 맡았다가 미군에게 모든 권한을 넘기더구나. 일제는 결코 조선 민중에게 항복한 것이 아니라 연합군에게 진 것이라는 걸 보여 주고 싶었던 거겠지.

나, 한강은 조선 총독부 건물에 일장기가 내려지고 성조기가 올라가는 것을 보면서 지배자가 일제에서 미군으로 바뀌는 것이 아닐까~ 하는 불길한 생각이 들었어…….

조선 총독부 건물에 일장기 내리고 성조기 올리는 미군

연합국은 조선을 해방시키겠다고 여러 번 약속하더니 이 땅에 3.8선을 그어 둘로 나누고 소련군과 미군이 점령군처럼 들어왔지. 세상에, 일본에게 고통만 당한 이 나라가 왜 둘로 나뉘어 소련군과 미군의 지배를 받아야 하는지 도무지 알 수 없었어. 마치 한반도가 일본 대신 전쟁의 전리품이 된 거 같더구나. 연합국이 승리하고 한반도가 해방되기를 얼마나 애타게 기다렸는데, 이럴 수가 있냐!

일제는 떠나는 날까지 한민족의 운명을 쥐고 있다가 앞날까지 흐려 놓았단다. 미국에게 이 땅엔 공산주의 사상을 가진 사람들이 많아 사회가 아주 불안하다고 했지. 미국은 자유를 수호하는 자본주의 국가의 대표라 공산주의라면 몹시 싫어했어. 남쪽의 점령군으로 들어온 미군은 그 말을 믿고 조선의 독립운동가들마저 의심했고 민중을 강압적으로 다스리려 했지. 그런 미군의 태도에 조선 민중은 불만을 갖게 되었고 많은 일들이 엇갈리게 되더구나. 패망한 일제는 미군에게 부풀린 정보를 주어 이 땅의 완전한 자주독립을 방해하고 싶었던가 보더라…….

해방의 혼란

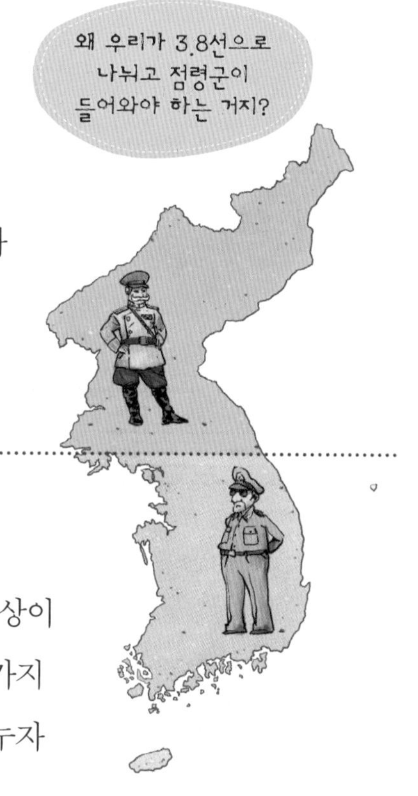

두 번씩이나 세계 대전을 치르며 세상에는 큰 변화가 있었지. 자본주의 나라와 공산주의 나라가 서로 대립하는 세상이 됐거든. 자본주의란 자본가가 노동자들에게 물건을 만들게 하고 그것을 팔아 이윤을 남기는 거야. 그런데 자본가들이 노동자들을 심하게 부려서 얻은 이윤을 거의 독차지하다시피 했어. 열심히 일하는데도 빈부의 차이가 너무 커지자 이에 맞서는 공산주의 사상이 생겨났지. 공산주의는 모든 것을 국가가 가지고 통제하면서 일한 만큼 몫을 고르게 나누자는 사상이야.

제1차 세계대전에 참전 중이던 1917년 러시아에서는 혁명이 일어났어. 그래서 세계 최초로 공산주의 국가가 됐지. 주변의 여러 나라들도 러시아와 함께 하면서 **연방 국가**인 소련이 되었어. 노동자와 농민이 사회의 중심이 되어 함께 일하고 똑같이 나누는 평등 사회를 만든 건데 문제는 국가가 모든 것을 관리하기 때문에 개인의 자유가 없다는 거란다.

연방 국가
여러 지역이 이익을 위해 한 나라로 뭉치는 거야. 미국이 대표적인 연방 국가인데 지방 정부마다 법이 다르기도 해.

그런데도 조선의 많은 젊은이들은 개인의 자유보다는 열심히 일하는 농민과 노동자가 제 권리를 누리는 평등 사회를 만들고 싶어 했어. 왜냐하면 일제가 자본가의 이익은 보호해 주고 노동자의 권리는 심하게 억압했기 때문이야. 하지만 평등한 대신 자유를 억압하는 공산주의 사상을 못마땅하게 여기는 사람들도 많았어. 그들은 제 능력을 마음껏 발휘하는 자유로운 나라가 세워지기를 바랐거든. 문제는 노동자와 농민이 소외되고 빈부 격차가 너무 커져 사회가 불안해질 수 있다는 거였지.

내 생각엔 서로 맞설 게 아니라 차라리 자본주의의 자유와 공산주의의 평등이 잘 어우러지면 좋을 것 같더구나. 두 사상은 다 사람들이 잘사는 세상을 만들자는 공통점이 있었거든. 방법이 좀 다를 뿐이었지. 그런데 공산주의 사상은 좌익으로 자본주의 사상은 우익으로 불리며 점점 맞서기만 했어.

처음엔 공산주의 사상을 가졌든 자본주의를 따르든 나라를 되찾겠다는 공동의 목표가 있어서 그런지 마음을 합쳐 독립운동을 했지. 그런데 일제를 몰아내겠다고 이 나라에 들어온 연합군이 하필 공산주의 국가, 소련과 자본주의 국가, 미국이지 뭐야?

아니나 다를까, 두 나라는 한반도에서 날카롭게 대립하며 서로 자기들 편의 나라를 만들려고 했어. 독립운동가들은 사상이 다르더라도 완전한 자주독립국가를 세우려는 같은 꿈이 있었지. 그래서 처음엔 큰 충돌이 없었어. 오히려 뜻을 모으려 했단다. 그런데 시간이 흐를수록 두 강대국의 뜻에 따라 좌익과 우익으로 나뉘어 편을 가르고 서로 미워하며 싸우더구나. 이 혼란은 한반도에 통일 정부를 세우는 데 큰 걸림돌이 되고야 말았지.

미군사정부

남쪽을 점령한 **미군정**은 새로운 나라를 세우려 모인 건국준비위원회에 공산주의자가 많다고 생각했지. 그래서 건국준비위원회를 인정하지 않았어. 해외에서 목숨을 바치며 독립운동을 했던 임시 정부도 인정하지 않았지. 빨리 나라의 치안을 유지하려고만 서두르더구나. 결국 식민지 때의 행정부를 그대로 두고 일제에 친일했던 사람들을 다시 불러들였어. 행정 경험이 있는 사람이 필요했겠지.

미군정
해방 후에 남한에 단독 정부가 세워지기까지 3.8선 이남 지역을 미군이 통치했어.

해방이 되면서 숨거나 주춤했던 친일 세력들은 재빨리 친미파가 되어 일제가 떠난 자리를 채우며 더 높은 자리와 힘을 갖게 되었어. 세상에나, 미군정은 일제 때의 울분과 완전한 자주독립국가를 바라는 한민족의 꿈을 이해하지 못했나 보더구나. 독립은 됐는데 완전한 독립은 오지 않았으니 사람들이 얼마나 답답했을까!

얼마 뒤 미국, 영국, 소련의 외상들이 모스크바에 모여 회의를 열었어. 그들은 우선 남과 북을 아우르는 임시 민주주의 정부를 세우기로 의견을 모았지. 그 임시 정부와 미국 · 소련 공동위원회가 협의

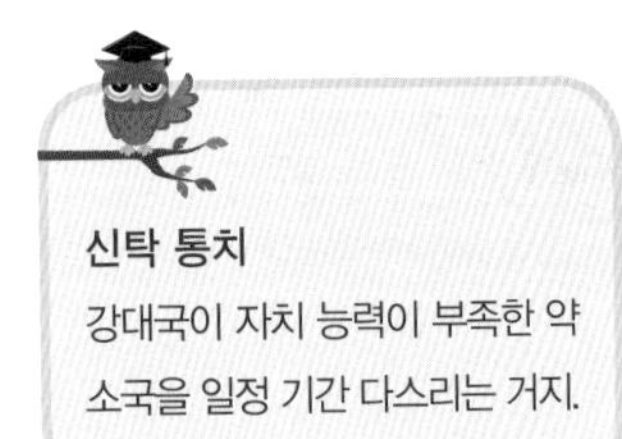

신탁 통치
강대국이 자치 능력이 부족한 약소국을 일정 기간 다스리는 거지.

를 통해 **신탁 통치**를 하기로 했다더라. 한반도에 진짜 정부가 들어설 때까지 강대국의 도움을 받아야 한다는 거였지.

이 소식이 신문에 실렸는데 임시 민주주의 정부 수립 이야기는 쏙 빠지고 소련이 신탁 통치를, 미국은 즉시 독립을 원한다는 기사가 실렸어. 사실 신탁 통치를 주장했던 건 미국인데 잘못된 기사가 실렸던 거야.

外相會議에 論議된
朝鮮獨立問題

蘇聯은 信託統治主張
蘇聯의 口實은 三八線分割占領
米國은 即時獨立主張

모스크바 3상회의 결과가 잘못 실린 신문

30여 년 넘게 일제에 시달렸던 사람들에게 신탁 통치란 다시 식민지로 떨어지는 청천벽력 같은 일로 여겨졌지. 그래서 모두들 한목소리로 결사반대를 외치며 몹시 흥분했어. 며칠 뒤 잘못된 기사란 걸 알게 됐지만 신탁 통치에 반대한다는 반탁 운동은 거세게 이 땅을 뒤흔들었어! 그런데 함께 반탁 운동을 하던 좌익이 모스크바 3상회의에서 제안한 임시 정부 수립안을 지지한다는 운동을 벌였지. 모스크

vs

바 3상회의의 내용을 무조건 반대할 게 아니라 임시 정부를 빨리 세우는 게 낫다는 판단을 했다더구나. 하지만 반탁을 외치는 사람들에겐 이해할 수 없는 배신처럼 보였지.

결국 반탁을 외치는 우익과 3상회의의 임시 정부 수립안을 지지하는 좌익으로 나뉘어 크게 싸움이 일어났어. 급기야 이듬해 3.1절 기념 행사도 따로 치루며 서로 비난하더니 만나기만 하면 폭력을 휘둘렀지. 이런 모습이 안타까웠던 여운형 선생은 좌익과 우익이 서로 손을 맞잡고 희망하던 나라를 세워야 한다고 주장하다 그만 우익 청년의 총에 맞아 세상을 뜨고 말았단다. 좌익과 우익이 함께한다는 것은 이제 아주 어려운 일이 되고 말았지. 잘못된 신문 기사 하나로 민족이 둘로 갈리고 서로 원수처럼 싸우는 것을 보면서 나는 울었어. 출렁출렁~ 이래선 안 되는데, 정말 안 되는데…….

미소 공동위원회

세상이 이렇게 시끄러운데 미소 공동위원회에서는 미국과 소련이 서로 제 이익을 놓지 않으려고 다퉜지. 결국 한반도 문제는 유엔으로 넘어갔는데 유엔은 그들의 감시 아래 남과 북을 아우르는 국회의원 총선거를 실시하라는 결론을 내렸어.

국회의원을 먼저 뽑는 까닭은 원하는 나라를 세우려면 헌법부터 만들어야 하거든. 헌법이란 누가 주권을 가지고 지도자를 어떻게 뽑을지 그리고 어떤 나라를 만들어 갈지가 다 담기는 나라의 가장 큰 법이야. 그래서 최고의 지도자든, 국민이든 다 함께 지켜야 하는 아주 신성한 법이지. 국회의원들이 이러한 헌법을 먼저 만들어야 지도자를 뽑고 나라를 세울 수 있는 거란다.

으음~ 이제야 남과 북이 하나가 되는 나라가 세워지겠구나 안심을 하고 있었는데 웬걸, 소련이 반대했어. 미국이 이끌어 가는 유엔을 믿을 수 없다는 거였지. 남의 잔치에 감 놔라, 대추 놔라 하듯이 두 강대국이 참견하는 통에 한반도의 운명에 먹구름이 잔뜩 끼더니 남쪽에서만 선거를 치르자는 결론이 나고 말더구나. 이런, 결국 나라가 두 쪽이 나려나…….

한반도에 두 개의 정부

3.8선 앞에 선 김구 선생(독립기념관 제공)

평생을 독립운동에 몸 바쳤던 김구 선생은 3.8선을 베고 쓰러진대도 남북이 갈라서는 일만은 막아야겠다며 북쪽으로 올라갔어. 그쪽 지도자들을 설득하려 애를 썼지만 일은 뜻대로 되지 않았지. 소련의 뜻대로 공산주의 국가를 세울 준비를 이미 마쳤거든.

1948년 5월 10일 남한만의 국회의원 선거가 치러졌고 7월 17일 헌법도 만들어졌어. 그리고 드디어 8월 15일 대한민국이 탄생했지! 임시 정부 때부터 꿈꿔 왔던 모든 국민이 주인이 되는 민주 공화국이 된 거야. 남한만의 총선거를 서둘렀던 이승만이 대한민국의 첫 번째 대통령으로 선출됐단다.

그해 9월 9일 북쪽에는 김일성을 수령으로 하는 조선민주주의 인민 공화국이 세워졌지. 수천 년을 함께했던 나라가 겨우 몇 년의 혼란으로 둘로 나뉘고 말다니, 무슨 말도 안 되는 일이 벌어진 거냐?

강대국들이 점령군으로 들어오기 위해 그은 3.8선은 영토를 둘로 나누는 선이었을 뿐인데 그 선을 경계로 한반도에 서로 다른 사상을 가진 정부가 들어서고야 말았지. 3.8선은 사상과 정치를 나누는 선이 되고 만 거야. 그러나 이게 끝이 아니었어. 결국 전쟁이 일어나 한민족의 마음마저 둘로 나누는 선이 되고 말았으니까. 강대국의 욕심으로 그어진 3.8선은 세 번이나 한반도를 갈라놓은 셈이야. 영토와 정치 그리고 민족의 마음을 가르는 선으로 말이야.

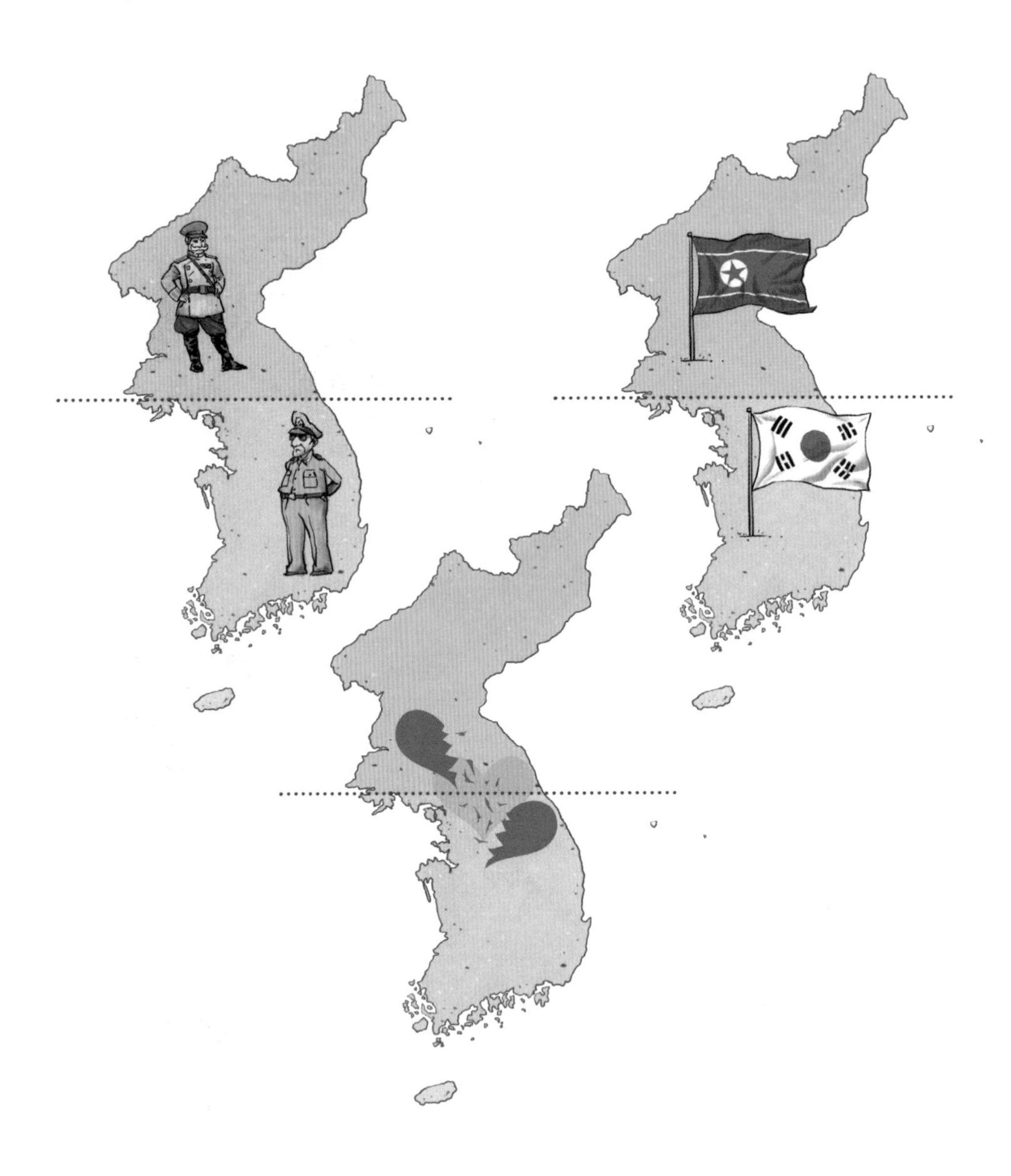

아, 아 전쟁

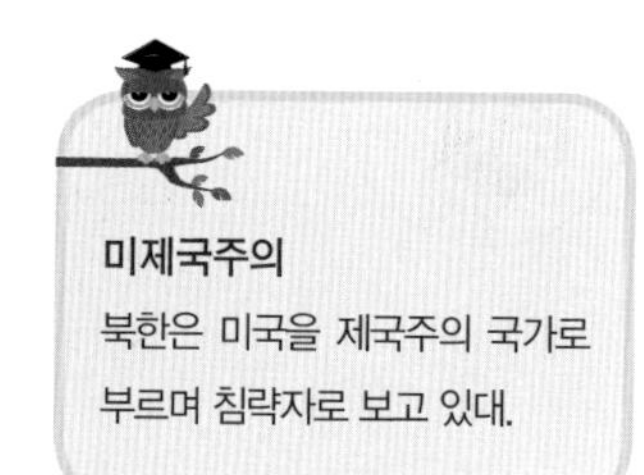

두 개의 정부가 들어선 남과 북은 3.8선에서 끊임없이 다투더니 기어이 서로 오갈 수 없는 사이가 되고 말더구나. 대한민국의 이승만 대통령은 북침 통일을 이야기하며 점심은 평양에서, 저녁은 신의주에서 먹겠다며 큰소릴 쳤지. 조선민주주의 인민 공화국의 김일성은 **미제국주의**로부터 인민을 해방시키겠다는 엄포를 놓았어. 에휴~ 저러다 꼭 무슨 일이 터질 거 같더니만…….

대한민국의 국민들이 편히 쉬고 있던 일요일 그러니까 1950년 6월 25일 새벽, 인민군(북한군)이 소련제 탱크를 몰고 내려왔어! 결국 6.25 전쟁이 벌어진 거야.

거침없이 내려오는 인민군을 막기 위해 이승만 정부는 사람들이 전쟁을 피해 내려오던 한강 다리를 폭파시켜 버렸어. 인민군의 남침은 잠시 막을 수 있었지만 그곳을 건너던 사람들이나 미처 피신하지 못한 사람들의 희생은 아주 컸지. 포탄이 터져 다리가 무너지고 사람들이 울부짖던 모습이 잊히질 않아…….

인민군은 3일 만에 서울을 점령해 버렸고 서울을 죽음으로 지키겠다고 방송을 하던 이승만 대통령은 가장 먼저 피난을 가더구나. 대통령의 약속만 믿고 피난을 가지 않은 서울 시민들은 불안한 마음으로 인민군을 맞을 수밖에 없었지.

남하하는 인민군

서울에 입성하는 인민군

전쟁이 터지자 유엔은 한반도에서 유일한 합법 정부로 인정한 대한민국을 도와주기로 결정했어. 열여섯 나라가 참전한 연합군과 전쟁 물자를 보내 주었단다. 하지만 전쟁 준비가 잘되었던 인민군에게 밀려 낙동강까지 내려가게 되었지. 낙동강을 빼앗기고 피난지인 부산이 무너지면 대한민국은 이제 공산주의 국가가 될 판이었어.

낙동강 전투

인천상륙작전

그때 유엔군 최고 사령관인 맥아더 장군은 절묘한 인천상륙작전을 펼쳤어. 낙동강에서 힘겹게 밀고 올라가는 것보다 한반도의 허리인 인천으로 들어가 양쪽에서 공격하는 탁월한 전략을 택했던 거야. 연합군이 인민군의 보급로를 막으며 공격을 해 대자 그들은 독 안에 든 생쥐 꼴이 되고 말았지. 이 작전의 성공으로 전세는 역전됐어! 서울을 다시 찾고 마침내 3.8선 위로 밀고 올라가기 시작했거든.

유엔군 최고 사령관
유엔 연합 국군 최고 사령관을 말하는 거야.

인천상륙작전으로 기운을 얻은 국군과 연합군은 누가 얼마나 빨리 북한 땅을 점령하는지 경쟁이 붙은 것처럼 압록강까지 밀고 올라갔지. 이제 전쟁은 머지않아 연합군의 승리로 끝이 날 것만 같았는데……. 또 걱정했던 일이 벌어지고야 말았어.

맥아더 장군

인천상륙작전

밀려오는 중공군

3.8선을 넘으면 도전으로 알겠다고 경고만 하던 중화인민공화국이 정말로 군대를 보낸 거야. 11월이 되자 압록강을 넘어 중공군이 새까맣게 밀고 내려왔지. 압록강은 중공군의 군화 소리가 끊이질 않아 얼마나 많은 사람들이 죽게 될지 걱정스러웠다고 하더구나. 그 걱정은 현실이 되었어. 물밀 듯 내려오는 중공군과 영하 20도까지 내려가는 추위에 승리를 장담하던 연합군은 속절없이 밀리기 시작했거든. 전쟁은 갈수록 더 치열하고 참혹해졌지.

결국 미군은 함경도에서 그동안의 전투 중 가장 심각한 피해를 입으며 후퇴를 해야만 했어. 그래서 배에 전쟁 물자를 싣고 떠나려는데 피난민이 끝도 없이 몰려들었단다. 전쟁의 참상을 겪은 사람들은 필사적으로 전쟁터를 벗어나려고 매달렸지. 그러자 미군은 전쟁 물자를 버리고 피난민을 실어 안전한 곳으로 보내 주었는데, 빅토리아호는 정원의 7배나 되는 사람들을 실어 날랐다더구나. 그 배 안에서 아

눈보라가 휘날리는
바람 찬 흥남 부두에
피난민은 몰리고……

흥남부두 철수 작전

기가 다섯이나 태어났다던걸! 군대와 피난민이 모두 안전하게 후퇴한 이 일은 6.25 전쟁 중 가장 아름다운 이야기로 남았지.

북쪽이 폭격으로 쑥대밭이 되자 수많은 피난민들은 한겨울의 매서운 추위를 온몸으로 맞으며 남쪽으로, 남쪽으로 내려왔어. 대동강에 세워졌던 평양 철교가 부서지자 피난민들은 곡예를 하듯 그 차갑고 미끄러운 철교에 매달려 강을 건넜지. 아차 하면 목숨을 잃을 수도 있는 난간을 건너는 사람들이 너무나 애처로워 대동강도 눈물을 흘렸다더라.

피난민들은 열차든 화물차든 가리지 않고 올라타며 전쟁터를 벗어나려 했어. 피난민이 너무 많아 물건을 실어 나르는 화물차 안에도 탈 수 없었던 사람들은 화물칸 지붕에 몸을 묶어야만 했지. 거센 바람에 순식간에 몸이 얼어 버리고 깜빡 졸다가 열차에서 떨어져 죽는 일도 벌어졌지만 전쟁터만 벗어난다면 무슨 일이든 할 것 같은 얼굴들이었어. 그만큼 전쟁이 무서웠던 거야…….

평양 철교 위 피난 행렬

화물칸 위에 매달린 사람들

반동분자
역사의 발전을 가로막는 행위를 하는 사람이란 뜻이래.

빨갱이
공산주의자를 낮춰 부르는 말이야.

신의주까지 올라갔던 국군과 연합군은 중공군의 참전으로 후퇴하면서 또다시 서울을 빼앗겼지. 1951년 1월 4일에 벌어진 이 일을 1.4 후퇴라고 하는데 눈물의 후퇴였단다. 다 이긴 전쟁이라고 생각했기 때문에 더 눈물겨운 후퇴였지. 그러나 얼마 뒤 연합군과 국군은 다시 서울을 되찾았어.

그런 중에 서울은 큰 혼란을 겪어야만 했지. 인민군이 들어왔다가 국군이 되찾는 일이 벌어지자 서울에 남아 있던 사람들은 살아남기 위해 인민군이나 국군의 눈치를 볼 수밖에 없었어. 총으로 위협하는 군인에게 민간인이 뭘 어쩌겠어? 그런데 인민군이 들어오면 국군을 반겼던 사람들은 **반동분자**로 몰렸고, 국군이 들어오면 인민군을 도왔던 사람들은 **빨갱이**로 몰려 참 많이도 죽었단다. 진짜 빨갱이나 반동분자라기보다는 억울한 사람이 더 많은 거 같아 안타깝기만 했지.

전쟁은 이렇게 혼란에 혼란을 거듭하며 무수한 희생자만 늘어 갔어. 그 모습을 다 지켜봐야 했던 나, 한강은 울다가 지쳐 버렸단다. 고대부터 여태껏 수많은 전쟁을 봐 왔지만 이토록 처참한 전쟁은 처음 보았거든…….

정전 협정

지지부진한 전쟁이 오래 가자 양쪽의 군인들도 지쳐 갔어. 전쟁이

고지 전투(〈고지전〉의 한 장면 - 출처:네이버 영화) VS 정전 협정

더 커지는 것을 원치 않은 참전국들은 전쟁을 끝내자는 회담을 열었지. 그런데 한 치의 땅이라도 더 차지하려는 싸움이 벌어지면서 3.8선 지역의 전투는 갈수록 치열해졌어. 작은 땅 하나를 놓고 하루는 국군이 이겼다가 어느 날은 인민군 차지가 되는 날이 이어지며 해를 두 번이나 넘겼지. 그새 양쪽의 군인들은 또 얼마나 죽던지…… 아, 그러더니 겨우 전투를 얼마동안 멈춘다는 정전 협정을 맺었어. 같은 민족이 3년을 피 흘리며 싸우고도 전쟁을 끝내자는 것이 아니라 잠시 멈춘다니, 정말 한숨밖에 안 나오더구나. 나는 이 어처구니없는 싸움이 지긋지긋해서 전쟁을 아주 끝낸다는 종전이나 평화 협정이 맺어질 줄 알았는데…… 진짜 너무들 하더구나!

깊은 상처

전쟁은 멈췄지만 전쟁이 남긴 상처는 너무나 크고 깊었어. 제2차 세계대전 다음으로 큰 전쟁이었으니까. 국군, 인민군, 열여섯 나라에서 온 연합군, 중공군까지 수많은 젊은 군인들과 민간인들 500만 명이 죽거나 다쳤어.

그 속엔 어린 소년병도 있었고 머나먼 나라에서 한국을 도우러 온 젊은이와 인해 전술을 펼치던 중국인도 있었지. 갓난아이와 여자 그리고 나이 든 분들도 많았어. 군인은 물론 총을 들지 않았던 사람들도 총탄과 폭격으로 쓰러져 헤아릴 수도 없이 많은 희생자가 나왔단다. 남한에선 7명 중 1명이, 북한에선 4명 중 1명이 불행한 일을 당하는 끔찍한 전쟁이었지. 그런데 통일을 한 것도 아니고 도로 제자리에서 서로를 지독하게 미워하는 원수가 되고 말다니…… 앞으로 또 어떤 일이 벌어질지 암담하기만 하더구나!

유엔군 묘지

폭격으로 한반도 전체가 쑥대밭이 되었다고 해도 지나친 말이 아니었어. 집과 학교와 공장이 거의 불타 버렸지. 웬만한 건물이나 도로와 다리는 거의 파괴되어 살 곳도 배울 곳도 일을 할 곳도 사라져 버렸어. 남한이나 북한이나 전쟁으로 거의 모든 걸 잃었다고나 할까? 도대체 다시 일어설 수나 있는 건지 걱정이 될 정도였지.

어렵게 살아남은 사람들의 삶은 정말 비참했어. 먹거리도 턱없이 부족한 데다 일거리도 없어서 국민의 절반이 굶주렸지. 학벌이 좋은 신체 건강한 남자들도 일자리를 구하기 힘들었어. 모든 사람들이 전쟁이 할퀴고 간 상처에 신음하고 있었단다.

그런데 더 딱한 사람들은 남편을 잃은 여인이나 부모를 잃은 고아들이었어. 남편을 잃은 여인은 50만을 넘었는데 슬픔에 잠겨 있을 여유도 없어 보였지. 당장 어린 자식의 배를 채워야 했기 때문에 보따리나 광주리를 이고 행상을 하며 억척스럽게 살아야 했거든.

부모를 잃은 아이들도 10만이 넘어서 길거리를 떠돌며 구걸하는 아이들을 어디서나 볼 수 있었어. 미군 부대 주변을 얼쩡거리며 음식을 얻어먹거나 군인들의 구두를 닦아 주는 아이들도 있더구나. 운이 좋은 아이들은 고아원으로 보내지거나 외국으로 입양되기도 했지만 더 많은 아이들이 그런 혜택조차 받지 못해 마음이 아팠지.

전쟁고아들

남북 이산가족 상봉

전쟁을 피해 남쪽으로 내려왔다 고향과 가족을 잃은 이산가족도 1000만이 넘었어. 이들은 낯설고 물설은 곳에 새로이 뿌리를 내렸지만 두고 온 고향과 만날 수 없는 가족에 대한 그리움은 해가 갈수록 더해만 간다고 하더라. 70년이 다 되도록 가족을 못 만나고 있으니 그 마음이 오죽하겠어…….

북한과의 관계가 가끔씩 좋아질 때 정부가 나서서 이산가족의 만남을 마련하고 있지만 만나는 인원도 많지 않고 제한도 많아서 보기에도 안쓰러워. 고향을 떠날 때는 젊었던 사람들이 이제 머리가 허연 노인이 되어 하나둘 세상을 뜨는데도 마음껏 만날 수가 없다니 세상 어디에 이런 일이 있는가 싶기만 하다…….

십 년이면 강산도 변하던데 여섯 번이나 강산이 변해도 남과 북은 강하게 맞서더구나. 남북의 지도자들이 만나 대화를 하며 곧 통일을 이룰 것 같다가도 금세 돌아서서 싸우기도 하고 서로 비난을 퍼붓기도 했지.

가장 먼저 공산주의 혁명을 일으켰던 소련은 1991년 공산주의의 실패를 인정했어. 그래서 자본주의 체제를 받아들여 다시 러시아가 되었지. 공산주의를 택했던 나라들은 대부분 자본주의를 받아들이며 변화했어. 그런데도 북한은 3대가 세습하는 독재 정치를 펼치며 국민을 고통에 빠뜨렸지. 제 국민을 굶주림에서 구하지도 못하면서 핵무기 개발에 나라의 뿌리가 흔들릴 만큼 돈을 쏟아부으며 주변을 협박하고……. 대한민국도 이에 질세라 군대를 불리고 값비싼 무기를 사는 데 엄청난 돈을 쓰더구나. 두 나라가 원수처럼 맞설수록 주변 나라들은 그걸 이용해서 이득을 취하고 있는데도 말이야.

대한민국에선 아직도 빨갱이라는 말만 나와도 두려워하고 북한에선 조금이라도 눈 밖에 나면 반동분자로 내몰았지. 이미 실패한 낡은 사상이 한반도에선 아직도 막강한 힘을 보여 주고 있다니 정말 딱한 일 아니냐? 남북은 세월이 흘러도 서로의 가슴에 총부리를 겨눴던 전쟁에서 벗어나지 못한 거 같더라. 언제쯤이나 다들 서로를 용서하고 함께하는 미래를 열어 갈는지 한숨만 나왔었는데……. 요즘 아주 기쁜 소식이 들리더구나! 나, 한강이 진짜 평화의 강이 되려나 보다 ~ 어서, 어서 내가 용솟음칠 날이 왔으면 좋겠다!!! 무슨 기쁜 소식이냐고? 그건 다음 이야기꾼에게 들으렴.

저자가 직접 강의하는 호락호락 한국사 2장
왼쪽의 QR코드를 찍어서 저자의 강의를 들어 보세요!
만약 QR코드가 안 될 경우에는 아래 링크로 들어오세요.
https://blog.naver.com/damnb0401/221270902849

토론 주제 : 우리가 원하는 완전한 자주독립국가를 이룬 걸까?

토론자 : 그렇군 과 딴지양, 김구, 김원봉, 김창숙, 신채호, 안중근

딴지양! 오늘은 독립운동을 했던 분들이 오신대.

어, 벌써 오셨는데? 김구 선생님, 안녕하세요?

어찌 그리 빨리 알아보누?

교과서 사진이랑 똑같아요!

선생님, 그런데 해방이 된 다음 완전한 자주독립국가를 이룬 거 아니었어요?

글쎄다? 한반도에 모든 사람들이 원하는 하나의 정부가 만들어지지 않았잖니? 그것 때문에 전쟁도 일어났고 분단의 고통도 아주 크지. 게다가 아직도 주변의 강대국들에게 휘둘리는 일이 생기니 완전한 자주독립을 이뤘다고는 할 수 없지.

아~ 그렇구나! 그런데 왜 우리가 원하던 나라를 세우지 못한 거죠?

우리 스스로 일제를 물리치고 맞이한 해방이 아니라 연합군의

힘으로 해방이 됐기 때문 아닐까?

그게 뭐가 다른 건데요?

달라도 한참 다르지. 일제를 우리 힘으로 물리쳤다면 일본에게 당당하게 강점기 때의 잘못을 묻고 벌써 사과와 배상을 받았을 거다. 그리고 사상이 다른 강대국의 간섭으로 한반도가 3.8선으로 나뉘고 두 개의 정부가 들어서는 일도 없었겠지.

그래서 선생님은 우리가 해방이 됐을 때 오히려 걱정이라고 하신 거구나. 그런데 일제를 내몰 힘이 없었잖아요?

우리 힘만으론 힘들었지. 그래서 해방되기 얼마 전 우리 광복군은 일제와 싸우려고 미군과 함께 군사 훈련을 하고 있었어. 그런데 갑자기 미국이 일본에 원자 폭탄을 떨어뜨려 항복을 받아내더구나. 우리 광복군은 한창 일제를 몰아낼 희망에 부풀어 있었는데 말이다……. 크게 한 번 싸워 보지도 못하고 그냥 해방이 되고 말았으니 우리의 뜻을 요구하긴 힘들었지. 승리자인 연합군에게 우리는 힘없고 못난 해방민으로만 보였을 테니까.

아니, 왜요? 우리는 독립운동을 멈춘 적이 없다고 했잖아요? 그건 싸움이 아니에요?

전쟁에서 승리해야만 제 목소리를 낼 수 있는 거란다.

어, 잘생긴 아저씨! 아저씨는 누구세요?

허어, 내가 인물이 좀 되지? 나는 '의열단'을 이끌던 김원봉이라는 사람이다.

아~ 의열단! 조선 총독부, 경찰서 그런 무시무시한 데다 겁도

카이로 회담
제2차 세계대전 때 이집트 카이로에서 열린 회담인데 조선의 독립을 보장했어.

포츠담 회담
연합국들이 독일 포츠담에 모여 카이로 회담을 재확인했지.

없이 폭탄을 막 던졌다는 아저씨들이죠? 얘기만 들어도 속이 후련하고 멋있었어요.

기억해 주니 고맙구나. 그렇게 목숨을 걸고 독립운동을 할 때가 오히려 좋았지. 그때는 독립만 되면 우리가 원하는 완전한 자주독립국가를 세우게 될 줄 알았거든! 그런데 소련군과 미군이 들어오면서 우리의 미래가 어두워지더구나.

어~ 연합군은 조선의 독립을 약속했다던데요?

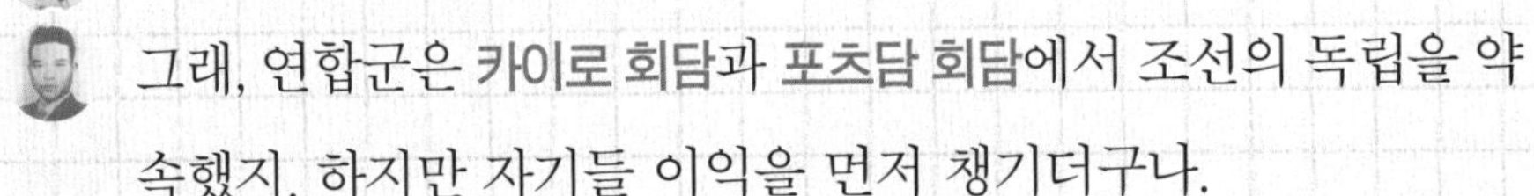

그래, 연합군은 **카이로 회담**과 **포츠담 회담**에서 조선의 독립을 약속했지. 하지만 자기들 이익을 먼저 챙기더구나.

자기들 이익이 뭔데요?

공산주의 국가의 우두머리였던 소련은 공산주의 국가가 더 많아지길 원했고, 자본주의 국가의 대표였던 미국은 자본주의 국가가 더 좋은 제도라는 걸 보여 주고 싶어 했지. 그 경쟁이 우리 한반도에서 벌어지고 말았단다.

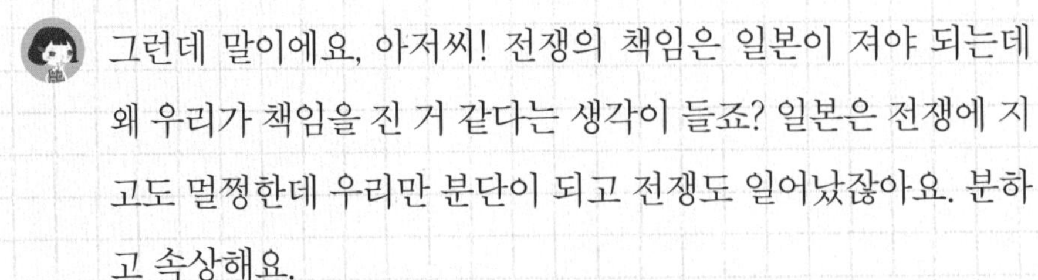

그런데 말이에요, 아저씨! 전쟁의 책임은 일본이 져야 되는데 왜 우리가 책임을 진 거 같다는 생각이 들죠? 일본은 전쟁에 지고도 멀쩡한데 우리만 분단이 되고 전쟁도 일어났잖아요. 분하고 속상해요.

딴지양이 아주 골똘히 생각한 모양이구나? 그래, 그런 생각이 들고도 남지. 일본에도 미군이 점령군으로 들어오긴 했단다. 그런데 한반도는 소련과 맞닿아 있었잖니? 일제가 소련군에게

지면서 밀려 내려오자 미국은 한반도 전체가 공산화될까 봐 얼른 3.8선을 그어 남쪽에는 미군이 들어오겠다고 했지. 두 강대국이 타협을 하면서 우리나라는 전리품처럼 되고 말았단다.

으~~. 두 주먹 불끈!

에이, 일제 때문에 우리 역사가 막 어그러진 거 같아요. 그런데 미군정은 눈치도 없이 왜 사람들이 싫어한 친일파를 불러들인 거래요?

미군정은 우리가 일제에게 얼마나 큰 고통을 당하고 친일파를 얼마나 미워하는지 잘 모르는 거 같더구나. 그저 치안만 유지하려고 애를 썼지. 미군정은 이 나라에 공산주의자가 많아 사회가 불안하다는 부풀린 정보에 긴장한 거 같더라. 그래서 나라를 빨리 안정시키겠다는 생각에 지난날 무슨 일을 했건 행정 경험만 있으면 나랏일을 맡겼지. 그렇게 일본인이 빠져나간 자리에 친일했던 사람들을 앉히니 오히려 날개를 달아 주는 꼴이 되고 말았어.

어흐~ 일본이 우리의 꿈을 끝까지 방해한 거네! 그런데요, 친일했던 사람들이 나랏일을 했으면 독립운동을 했던 사람들은 어떻게 된 거죠?

흐음…… 미군정이 임시 정부를 인정하지 않아서 우린 뒤늦게 씁쓸한 마음으로 고국에 돌아왔는데 우리를 반긴 건 민중들뿐이었지. 친일했던 사람들이 재빠르게 친미파가 되고 새 나라를 세우는 데 많이 참여하면서 독립운동가를 꺼리는 분위기가 됐단다.

쓸쓸히 돌아온 임시 정부 사람들

뭐, 독립운동가들이 대가를 바라고 목숨을 바친 건 아니다만 홀대를 받는다는 느낌은 지울 수가 없었지. 정작 나라를 위해 모든 걸 바친 사람들이 제 잇속이나 채우는 사람들에게 무시를 당하다니, 이거야 원!

아~ 그래서 이시영 선생님이 가슴에 찬바람이 불고 기운이 빠진다고 하셨구나~.

허어, 기특한 녀석, 그 말을 기억하고 있었구나! 나 김창숙도 독립운동을 하다 불구가 됐다만 이회영 집안의 희생은 정말 눈물겨웠지. 한 번은 중국으로 떠난 이회영 어른을 찾아가니 가족 모두가 헐벗은 채 한겨울 불기도 없는 냉방에 누워 있더구나. 옷을 저당 잡혀 죽으로 연명했는데 그마저 할 수 없게 돼 굶주림으로 죽기 직전이었어. 어찌나 눈물이 나던지…….

헉, 말도 안 돼! 훌쩍, 훌쩍 너무 안됐어요. 근데 부자였다던데 어떻게 된 거지…….

이회영 선생 집안은 전 재산을 다 털어 '신흥무관학교'를 만들고 3500명이 넘는 독립군들을 길러냈단다. 밑 빠진 독에 물 붓기 같던 독립운동 자금을 대느라 여섯 형제들 중 이시영 한 분만 살아남을 정도로 가난에 시달렸지. 만석꾼 부자들이 굶어서 죽거나 영양실조로 앓다가 죽었다면 누가 믿겠냐?

구, 굶어 죽었다구요?

이회영 집안이 독립운동 자금으로 쓴 돈은 지금으로 보면 600억이 넘는 큰돈이란다. 그런 분이 시장에 버려진 채소를 주워서 끼니를 잇고 중국인이 쓰다 버린 탄을 주워 추위를 견디며 독립운동의 의지는 놓지 않으셨는데…….

하아~ 600억 부자가 그렇게 사시다니, 차라리 독립운동 안 했으면 떵떵거리고 잘살았을 거 아녜요?

하지만 자랑스런 이름을 남겼잖아! 그리고 돌아가신 다음이긴 하지만 나중엔 다들 좋은 대접을 받으셨겠지, 뭐!

흐음, 글쎄다……. 독립운동가의 후손들은 달마다 얼마씩 돈을 받고 학교에 들어갈 때나 취직할 때 특혜를 받는다고는 하더구나.

그렇죠! 나라를 위해 목숨까지 바친 분들을 설마 모른 척했겠어요?

하지만 독립운동가의 후손들은 60% 이상이 빈곤자라고 하던걸? 독립운동을 하느라 재산을 다 써 버리고 가족을 돌보지 못했기 때문에 자손들은 배우지도 못했지. 국가가 주는 돈도 얼마 되지 않는데다 배움도 짧아서 형편이 나아지기도 어렵다니, 기가 찰 노릇이다…….

어머나! 그러면 나라가 다시 위태로워지면 아무도 안 나서겠네요? 그렇게 큰 희생을 치렀는데 오히려 무시당하고 가난에 허덕인다니 너무 억울하겠어요…….

정말 야속하지. 나는 역사학자로 독립운동을 했던 신채호라는 사람이다. 일본에게 고개를 수그리는 게 싫어 세수도 얼굴을 들고 한 사람으로 유명하더구나.

아, 알아요. 그래서 세수할 때마다 옷이 다 젖었다면서요? 아이들에게 우리나라 위인을 많이 소개하며 용기를 주셨다고 배웠어요.

그래, 그랬지. 나는 일본 놈의 지배를 받기 싫어 국적도 없이 살았단다. 그런데 해방이 되어서도 나를 60년이나 국적 없는 사람으로 남겨 두어 내 아내와 두 아이들이 호적에도 못 올랐다고 하더구나. 독립운동을 하다 죽은 내 아내는 지금도 법적으로는 나와 남남이라니 어이가 없어서…… 허어~.

정말 대단하십니다! 나는 나라를 잃기 전에 그걸 막아 보려고 싸웠지만 여러분은 이미 잃어버린 나라를 되찾겠다고 모든 걸 바치셨군요, 얼마나 어려웠을지 저절로 고개가 숙여집니다.

아이쿠, 안중근 선생님! 선생님이야말로 모든 독립운동가들에게 길이 되어 주신 분입니다.

아닙니다. 아니에요……. 제 아들놈이 부끄러운 일을 했는데 제가 무슨 그런 칭찬을 들을 수 있겠습니까?

엥~ 무슨 소리예요? 안중근 의사의 아들이 부끄러운 일을 하다니요?

선생의 둘째 아들 안준생이 이토 히로부미의 손자에게 아버지가 한 일을 사죄했다더구나. 그 일 때문에 사람들이 훌륭한 아버지를 욕보이는 못난 아들이라고 손가락질을 했지. 내 어찌나 괘씸하던지 준생이가 한 번 만나 달라는 걸 끝까지 들어주지 않았다.

백범 선생님, 안중근 의사가 돌아가실 때 준생은 겨우 세 살배기였습니다. 아버지가 일본의 영웅인 이토 히로부미를 죽인 데다 마흔 명이 넘는 친척들이 다 독립운동을 했으니 일제의 감시와 탄압이 얼마나 심했겠습니까? 아마도 일제의 괴롭힘으로 한때 어리석은 짓을 했던 건지도 모르지요.

백범 선생의 말이 백 번 옳습니다. 괴롭힘 좀 당했다고 그런 어리석은 일을 하다니요……. 하지만 애비로서는 측은한 마음이 듭니다. 그 어린 것을 곁에서 먹이고 입히며 가르치질 못했으니까요. 큰아들은 낯선 자가 준 독이 든 과자를 먹고 죽었다더군요……. 우리 준생이 일은 이제라도 제가 무릎을 꿇고 사죄를 드려야겠습니다, 풀썩!

선생님, 일어나십시오! 준생이보다 더 부끄러운 친일을 하고도 뻔뻔스럽게 조국을 위해 한 일이라는 자들이 얼마나 많은데, 그깟 일로 선생님이 사죄를 하십니까? 정작 무릎을 꿇고 빌어야 할 자들은 일제에 온갖 아부를 하며 잘 먹고 잘산 자들입니다! 독립이 되고 나서도 반성은커녕 친일은 어쩔 수 없는 일이었다고 구차한 변명이나 하는 자들입니다!

그래요, 일제의 강점기가 길어지고 그들의 힘이 세어지자 일본이 영원히 우리를 지배할 거라고 생각한 자들이 얼마나 많았습니까? 그래서 독립운동을 하던 자들 중에도 변절하는 사람들이 꽤 있었지요. 그들도 사죄를 안 하는데 왜 안 선생이 무릎을 꿇습니까? 민족 영웅의 아들 하나 제대로 거두지 못한 우리가,

안 선생에게 사죄를 해야 마땅하지요!

헐~ 친일했던 사람들이 사죄도 안 했어요? 우리는 잘못하면 벌도 서고 반성문도 쓰는데?

친일했던 사람들이 벌을 받지 않은 건 해방이 된 다음 더 높은 사람이 돼서 그런 거 아냐?

그랬나 봐. 나라와 민족을 배반했던 사람들은 큰 벌을 받아야 다시는 나쁜 짓을 못할 텐데…….

그래, 돌이킬 수 없을 만큼 큰 죄를 지은 사람이야 벌을 받아 마땅하지. 하지만 우리는 친일파 모두가 벌을 받길 원한 건 아니란다. 친일을 했더라도 마음 깊이 반성하고 새 마음으로 새 나라에서 올바른 일을 하길 바랐지. 우린 한민족이니까! 하지만 반성도 하기 전에 권력을 잡더니 잘못을 덮을 궁리만 하고 오히려 독립운동가들을 못살게 굴었지…….

그래요, 누구든 실수하고 잘못할 수 있습니다. 그 잘못을 인정하고 반성부터 했어야지요. 그리고 진정으로 나라와 민족을 위한 일이 무엇인지 고민하면서 친일파든, 독립운동가든 다 함께 새 나라를 만들어야 했어요. 그랬다면 대한민국은 역사가 바로 선 훨씬 살기 좋은 나라가 됐을 겁니다.

에구, 일제 강점기 때 잘못을 저지른 사람들이 벌을 받지 않았다니 정말 실망이야.

그러게 말이야. 뭔가 정의가 이루어진 거 같지 않아, 찜찜해. 일제 강점기 때 잘못을 바로잡지도 못했는데 어떻게 완전한 자주독립국가를 세우겠어…… 시무룩~ 또 시무룩~.

그렇군, 네가 역사 이야기를 나누다 이렇게 시무룩해지는 건 처음 본다! 기운 내!

우리가 완전한 자주독립국가를 이뤄 주지 못해 정말 미안하구나.

아니에요, 잃어버린 나라를 되찾아 주신 모든 분들께 진짜 감사드려요. 이제 완전한 자주독립국가의 꿈은 저희가 이뤄야지요! 두 주먹 불끈!

와아~ 짝짝짝! 우리가 듣고 싶었던 말이 바로 그거야. 너희들은 반드시 그 꿈을 이룰 거다!

옙!

오래된 꿈 - 완전한 자주독립의 나라

일제 강점기 때 우리 민족은 한 가지 꿈이 있었다. 광복이 되면 완전한 자주독립국가를 세우겠다는 꿈 말이다.

그런데 우리 힘으로 독립을 못한데다 소련과 미국까지 한반도에 들어와 대결했다. 상황이 복잡해져서 한마음으로 나라를 세우겠다는 꿈은 산산조각 나버렸다. 그리고 같은 민족이 대한민국과 북한으로 나뉜 것도 화가 나는데 6.25 전쟁까지 겪고 서로 원수처럼 지냈다. 그러느라 전쟁이 끝난 지 60년이 넘었는데도 통일을 못했다.

하지만 이제 남북의 지도자가 만나 평화의 시대를 열 거라고 한다. 그러면 통일도 되는 건가? 아무튼 완전한 자주독립국가를 세우겠다는 백 년 전의 오래된 꿈이 빨리 이루어졌으면 좋겠다. 그래야 진짜 평화롭고 당당한 나라가 될 테니까!

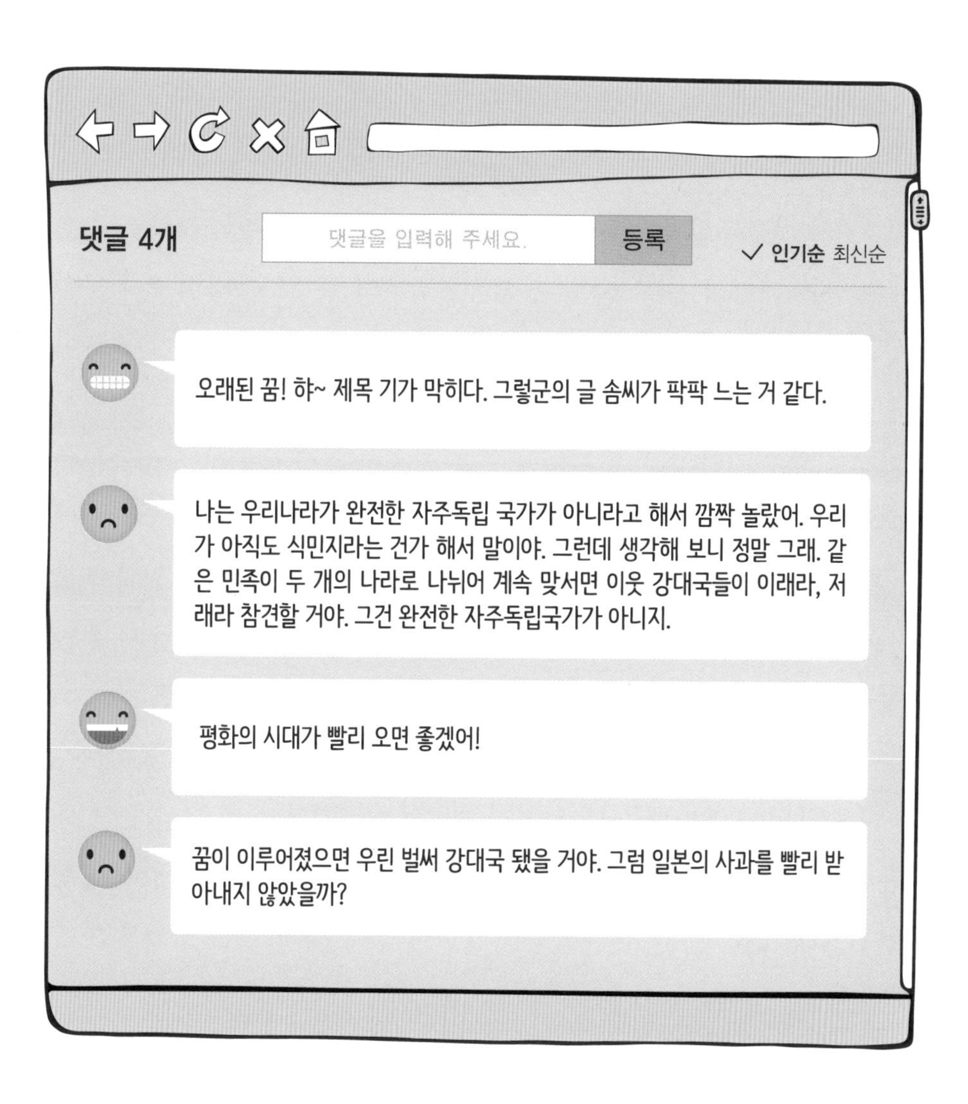
댓글 4개
댓글을 입력해 주세요.
등록
인기순 최신순
오래된 꿈! 야~ 제목 기가 막히다. 그렇군의 글 솜씨가 팍팍 느는 거 같다.
나는 우리나라가 완전한 자주독립 국가가 아니라고 해서 깜짝 놀랐어. 우리가 아직도 식민지라는 건가 해서 말이야. 그런데 생각해 보니 정말 그래. 같은 민족이 두 개의 나라로 나뉘어 계속 맞서면 이웃 강대국들이 이래라, 저래라 참견할 거야. 그건 완전한 자주독립국가가 아니지.
평화의 시대가 빨리 오면 좋겠어!
꿈이 이루어졌으면 우린 벌써 강대국 됐을 거야. 그럼 일본의 사과를 빨리 받아내지 않았을까?

분열은 꿈도 망친다

완전한 자주독립국가를 세우겠다는 말은 여러 제국주의 국가들이 조선을 넘볼 때부터 하던 말이다. 중국으로부터 독립하겠다며 독립문을 세우던 때부터 사람들은 자주독립국가의 꿈을 가지고 있었기 때문이다. 그런데 일제가 조선을 강제로 점령하고 소련과 미국이 간섭하면서 꿈은 두 동강이 나버렸다. 우리가 꿈을 이루려고 할 때마다 강대국들이 방해를 한 거 같다.

물론 꿈을 이루지 못한 우리 조상들에게도 잘못은 있다. 누가 뭐라 하건 똘똘 뭉쳐서 나라를 세웠어야지 원수처럼 싸우다니? 역사에서 수많은 적보다 무서운 게 내부 분열이라고 그렇게 교훈을 남겼건만……. 아하~ 일제 때 우리 역사를 배우지 못하게 해서 그때 사람들은 몰랐나?

아무튼 나는 해방됐을 때 완전한 자주독립국가를 세울 수 있는 기회를 놓친 게 정말 분하다. 강대국의 간섭만 원망할 게 아니라 우리가 힘을 합치지 못해 꿈을 망쳤다는 걸 반성하고 꼭 다시 꿈을 이뤘으면 좋겠다.

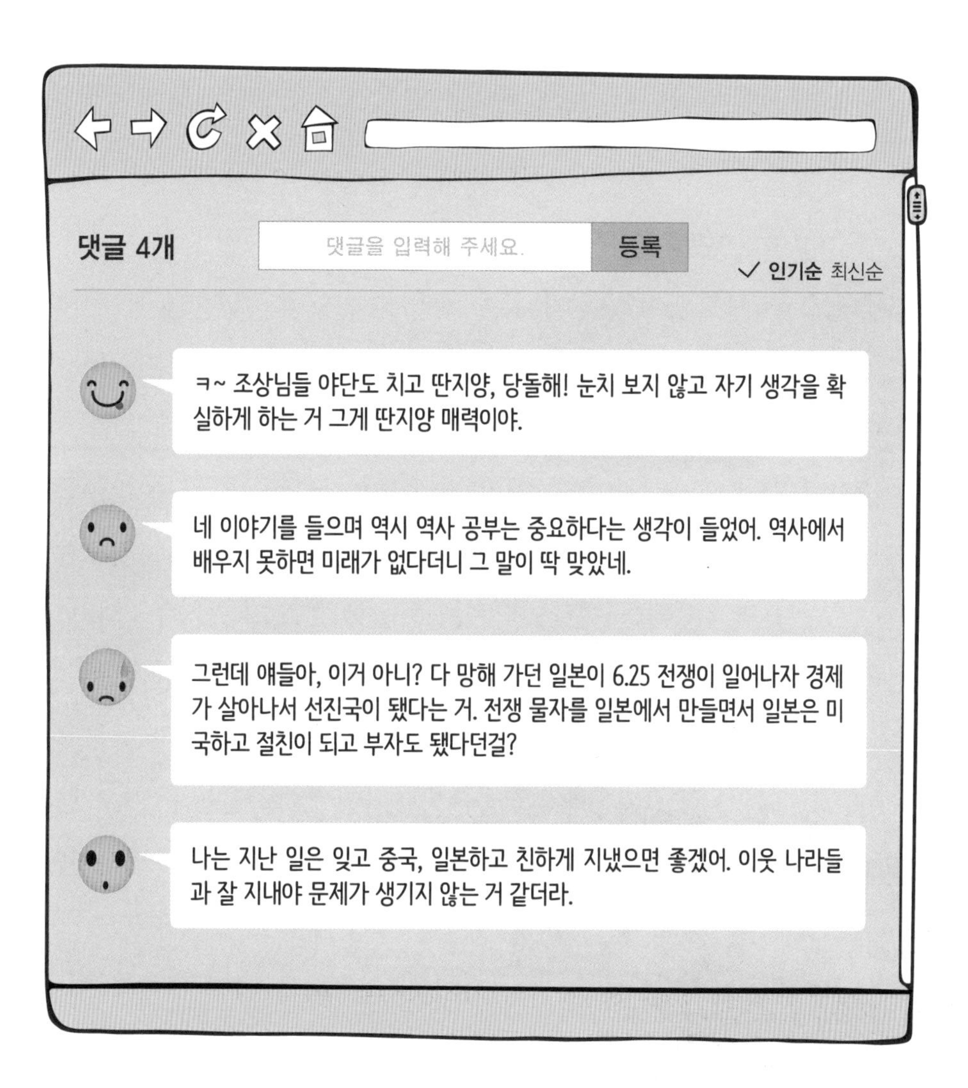
댓글 4개
댓글을 입력해 주세요.
등록
✓ 인기순 최신순
ㅋ~ 조상님들 야단도 치고 딴지양, 당돌해! 눈치 보지 않고 자기 생각을 확실하게 하는 거 그게 딴지양 매력이야.
네 이야기를 들으며 역시 역사 공부는 중요하다는 생각이 들었어. 역사에서 배우지 못하면 미래가 없다더니 그 말이 딱 맞았네.
그런데 얘들아, 이거 아니? 다 망해 가던 일본이 6.25 전쟁이 일어나자 경제가 살아나서 선진국이 됐다는 거. 전쟁 물자를 일본에서 만들면서 일본은 미국하고 절친이 되고 부자도 됐다던걸?
나는 지난 일은 잊고 중국, 일본하고 친하게 지냈으면 좋겠어. 이웃 나라들과 잘 지내야 문제가 생기지 않는 거 같더라.

지도와 사진으로 본 6.25 전쟁이야

남침하는 인민군
인민군은 3.8선 전 지역에서 침략을 시작해 3일 만에 서울을 점령했어.

낙동강 전선을 지키려는 학도병
인민군은 한달 만에 낙동강까지 밀고 내려왔어. 낙동강 전선이 무너지면 끝장이란 생각에 어린 학생들까지 나서서 싸웠단다.

인천상륙작전
국군과 유엔군은 이 작전으로 서울을 다시 찾고 북으로 반격했지.

1950년 6.25 전쟁이 어떻게 벌어지고 어떤 일을 겪으며 끝이 났는지 지도와 사진으로 살펴보렴. 지도와 도표는 단순하지만 저 속에는 수많은 사람들의 죽음과 고통에 울부짖던 사람들이 있었지. 그토록 처참한 전쟁을 겪고도 우리는 전쟁을 완전히 끝내지 못하고 잠시 전쟁을 멈춘다는 정전 협정을 맺었단다.

고지 전투
고지전에서 가장 많은 사람들이 죽거나 다쳤어. 휴전을 이야기하는 동안에도 한 곳이라도 더 차지하기 위해 인민군과 국군은 치열하게 싸웠지.

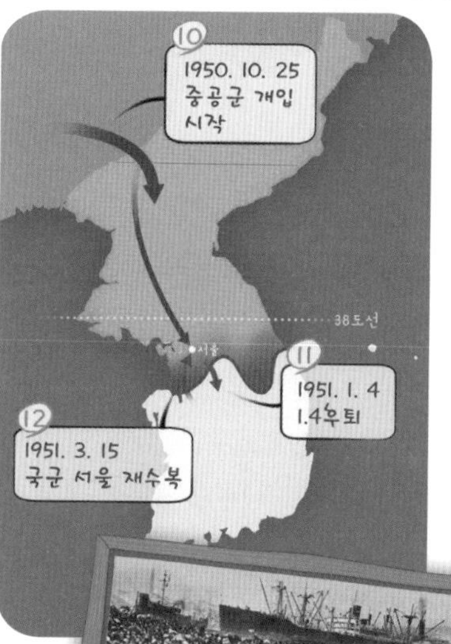

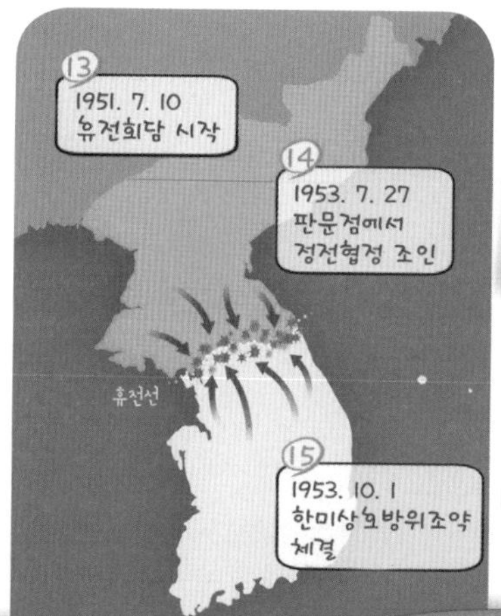

죽은 가족을 찾아 나선 이들
온 나라가 전쟁터였고 찾지 못한 사상자가 수도 없이 많았단다.

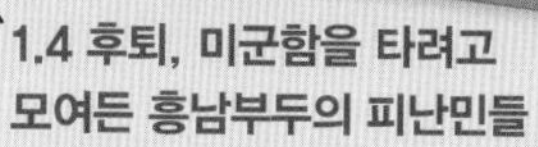

1.4 후퇴, 미군함을 타려고 모여든 흥남부두의 피난민들
중공군의 참전으로 전쟁 지역을 벗어나려는 피난민들은 걸어서, 기차로, 배로, 남쪽을 향해 내려왔단다. 한겨울의 피난 행렬은 끝없이 이어진 절박한 몸부림이었지.

정전 협상
인민군과 유엔군이 휴전을 의논하고 있어. 휴전선을 어디로 할지 지도를 놓고 고민하고 있는 것 같은데, 왜 우리 대표는 없는 걸까?

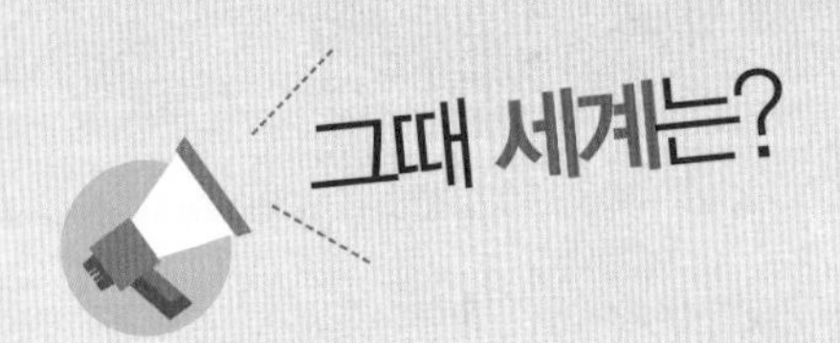

세계는 두 번이나 큰 전쟁에 휩싸였어

더 많은 식민지를 차지하기 위한 제국주의 국가들의 충돌로 두 번이나 큰 전쟁이 일어났지. 연거푸 일어난 전쟁으로 사람들은 엄청난 희생을 치르며 인간의 권리에 대해 고민했고 세계 평화와 안전을 위해 국제 연합을 만들었어. 전쟁으로 힘이 빠진 유럽 대신 미국과 소련은 세계 역사의 중심이 되어 자본주의와 공산주의가 대결하는 냉전으로 현대 역사를 열었단다.

제1차 세계대전

서유럽 제국주의 국가들은 군사력을 앞세워 더 많은 식민지를 차지하려고 경쟁했어.
조금 늦게 출발한 제국주의 국가들과 미국, 일본도 식민지 쟁탈에 안간힘을 썼지. 유럽은 영국 중심의 연합국과 독일 중심의 동맹국으로 나뉘어 서로 견제하고 있었는데 이 날카로운 대립은 결국 전쟁으로 이어졌단다.

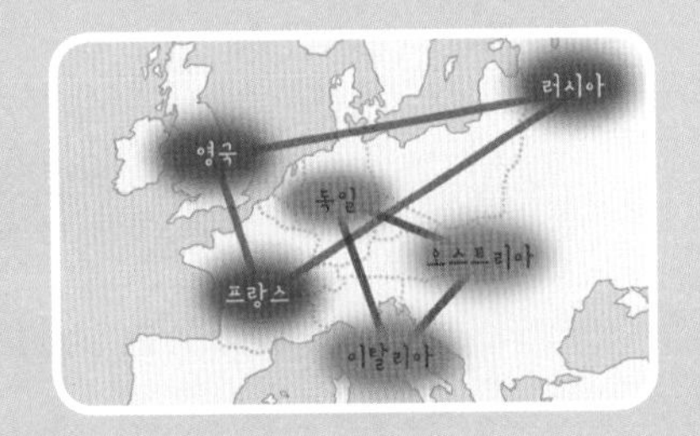

제2차 세계대전

1차 세계대전으로 세계의 경제가 아주 어려워졌단다. 식민지가 많았던 나라들은 그나마 이 위기를 견딜 수 있었어. 하지만 전쟁 배상금을 물어야 했던 독일, 뒤처졌던 이탈리아와 일본은 남의 나라를 침략하여 경제위기를 해결하려 들었지. 세 나라는 국민을 통제하고 지시하는 전체주의를 내세워 국가를 위한 국민의 희생을 강요하며 제2차 세계대전을 일으켰어.

1914년 사라예보에서 오스트리아 황태자가 암살당하는 사건을 빌미로 세계는 연합국과 동맹국으로 나뉘어 전쟁을 벌였어. 각 나라의 식민지인까지 끌어들여 자기 나라 이익을 위해 죽어라 싸웠지. 5년간이나 계속된 제1차 세계대전으로 900만이 넘는 사람들이 죽었어. 과학 기술의 발달로 다양하고 잔인한 무기가 만들어졌기 때문이야. 전투기와 탱크, 잠수함에 기관총과 독가스까지 사용되어 희생자가 엄청났단다. 이 전쟁은 연합국의 승리로 끝이 났지만 피해는 엄청났지.

기관총 독가스

탱크

비행기

잠수함

1939년 독일은 폴란드를 침공하며 단숨에 덴마크, 노르웨이, 프랑스 파리를 점령했어. 일본도 진주만을 기습 공격하며 태평양 전쟁을 일으켰지. 하지만 소련과 미국이 연합군으로 참여하자 독일군은 항복할 수밖에 없었어. 일본도 히로시마와 나가사키에 원자폭탄을 맞으며 무조건 항복했지. 6년간의 제2차 세계대전은 엄청난 살상 무기 때문에 5천만이 넘는 사람들이 죽고 나서야 끝이 났단다.

좀 더 정교해진 탱크

비행기

수류탄

영국 해군의 순양전함(HMS) 후드

원폭 후 나가사키 버섯 구름

1948년~1960년
1~3대 대통령 이승만

1960년~1962년
4대 대통령 윤보선

1963년~1979년
5~9대 대통령 박정희

1979년~1980년
10대 대통령 최규하

1980년~1988년
11~12대 대통령 전두환

1988년~1993년
13대 대통령 노태우

1993년~1998년
14대 대통령 김영삼

1998년~2003년
15대 대통령 김대중

2003년~2008년
16대 대통령 노무현

2008년~2013년
17대 대통령 이명박

2013년~2017년
18대 대통령 박근혜

2017년~
19대 대통령 문재인

3장

사진 속에 대한민국의 역사가 담겼네

나는 수인이라고 해.
내가 대한민국의 역사를 이야기하게 됐어.
역사 박사냐고?
크, 아~아니!
나는 초등학생인데 우리 엄마가 역사 선생님이셔.
그래서 이것저것 들은 이야기가 꽤 많아.
그 이야기를 재미있게 사진으로 잘 전해 보고 싶어.

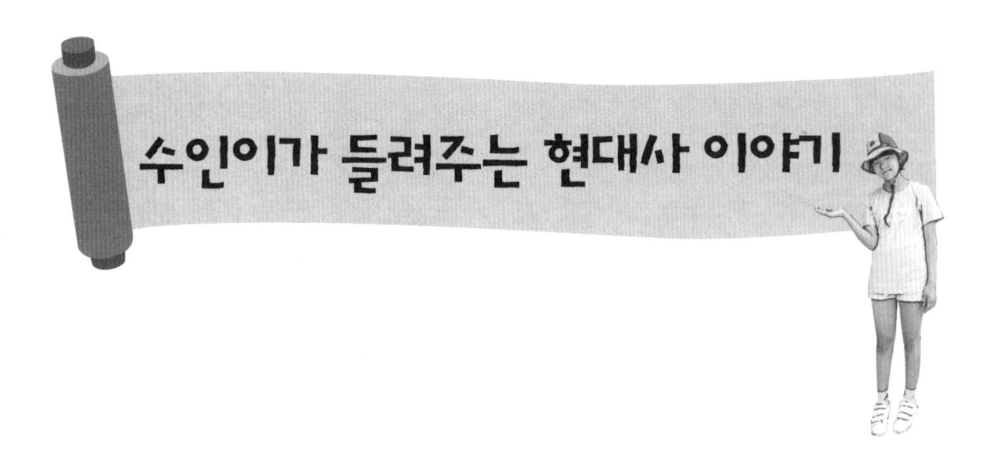

안녕, 나는 초등학교에 다니는 나수인이라고 해. 사실 나는 역사가 아직 어려워. 그래서 엄마가 밤마다 역사책을 읽어 주셔. 나는 재미있는 이야기가 나오는 부분만 귀를 기울이고 나머진 대충 들어. 쉿! 이건 비밀이야. 우리 엄마는 내가 아주 잘 듣고 있는 줄 아시거든.

촛불 집회

그런데 이러던 내가 역사에 급관심을 갖게 된 사건이 일어났어! 우리 엄마가 맛있는 간식이랑 LED 촛불까지 준비해서 촛불 집회에 간

다기에 뭐 재미난 일이 있는가 해서 졸랑졸랑 따라 갔어. 그랬더니 어휴~ 사람들이 촛불을 들고 엄청나게 모여 있는 거야. 그 많은 사람들이 나란히 길바닥에 앉아서 **탄핵**이란 구호를 외치고 노래도 부르고 행진도 했는데 뭔지는 잘 모르겠지만 지루하진 않았어.

탄핵
대통령과 같은 고위 공무원이 심각한 잘못을 했을 때 법에 의해 처벌받는 거란다.

엄마한테 탄핵이 뭐냐고 물었더니 글쎄, 대통령이 법을 지키지 않아서 그만두라는 뜻이래. 헐~ 나는 왜 이런 일이 벌어졌는지 정말 알고 싶었지. 그러자 엄마는 사진으로 대한민국의 역사를 간단하게 정리하며 알아보자고 하시더라? 어쩐지 내가 낚인 거 같다고? 크으~ 그래, 나도 그런 것 같았는데 생각보다 꽤 재미있던걸! 너희들에게도 그 재미를 나눠 줄게. 우리, 같이 보자!

이승만 대통령 때 있었던 일

대한민국 정부 수립

앞에 있는 사진은 1948년 8월 15일 대한민국 정부가 세워지던 날의 사진이야. 한가운데 커다란 태극기 위로 파란 기가 보일 거야. 그건 유엔을 상징하는 깃발인데 유엔의 도움을 받아 나라를 세웠기 때문에 고마움을 표현한 거래. 길게 늘어선 현수막의 한자는 '대한민국 정부 수립'이라고 쓴 거야. 3.1 운동으로 1919년 세워진 임시 정부의 정통성을 이어받은 나라라는 뜻이 들어 있대.

이승만 대통령

그런데 대한민국의 첫 대통령이 할아버지 같다고 하니까 저 때 이미 70세가 넘으셨다던걸? 임시 정부의 첫 번째 대통령으로 미국에서 오랫동안 독립운동을 하셨고 미군정에서도 대통령으로 지지하고 있어서 국민들에게 많이 알려져 있었어. 그래서 국민들의 투표로 국회의원이 된 사람들이 대통령으로 뽑았다던데? 우리나라가 처음으로 만든 헌법에선 대통령을 국회에서 뽑는 간접 선거였다나 봐.

어린아이들이 많아서 눈길을 끄는 다음 사진은 제주도 한라산 중산간 지대로 피신한 제주 사람들의 모습이야. 왜 피신해야 했는지 궁금하지?

중산간 지대로 피신한 주민들

제주도는 일제가 비행장과 폭격을 피할 굴을 만든다고 사람들이 강제 동원되어 다치거나 죽는 일이 많았던 곳이래. 그래서 해방이 되자 새로운 나라를 세울 기대가 더 컸다나 봐. 그런데 남한만 총선거를 한다고 하자 반대하는 시위가 일어났고 시위대가 경찰에게 죽는 일까지 벌어졌대. 이 잘못된 진압으로 사건은 걷잡을 수 없이 커졌다더라. 총칼로 무장하고 맞서는 사람들과 정부에서 보낸 **토벌대**가 전쟁이 난 것처럼 싸웠다던걸?

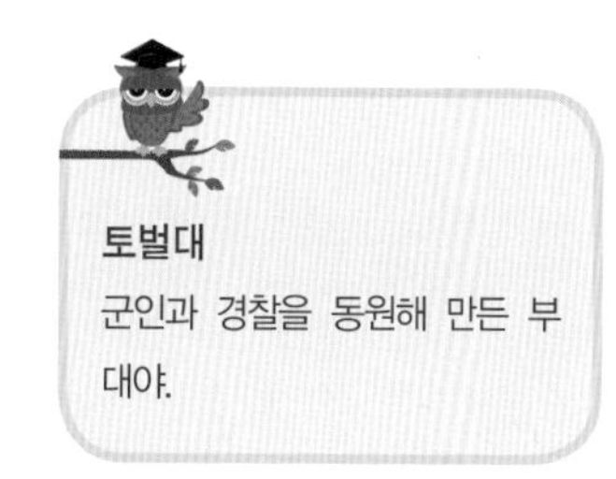

토벌대
군인과 경찰을 동원해 만든 부대야.

1947년부터 1949년까지 이어진 싸움으로 애꿎은 제주도 사람들이 3만 명 넘게 죽고 마을은 2/3나 불타 버렸다지 뭐야? 에고~ 해방이 됐다고 기뻐했던 사람들이었을 텐데, 어떡해…….

이 사진은 제주도에 세워진 4.3 평화공원 안에 있는 엄마와 아이의 조각상이야. 토벌대를 피해 눈 속을 헤매다 죽어 가는 어머니와 아이의 모습을 실제로 보면 더 슬프더라. 50년이 훨씬 넘은 2003년이 돼서야 노무현 대통령이 제주도 사람들을 무력으로 진압한 걸 사과했대. 그리고 평화의 공원을 세워 위로했어. 억울하게 희생된 사람들이 편하게 잠드셨으면 좋겠다, 그치?

4.3 평화공원 내에 있는 엄마와 아이 조각상(2008년)

반민족행위특별조사위원회

일제 강점기 때 친일했던 사람들을 조사하려고 '반민족행위특별조사위원회'를 만들었어. 하지만 이승만 대통령과 경찰이 집요하게 방해를 해서 6개월 만에 그만두어야 했대. 정부의 높은 관리와 경찰들 중에 친일파들이 많았기 때문이었다나? 그래서 친일했던 사람들은 처벌받지 않고 흐지부지되고 말았대. 에이, 잘못한 사람들은 벌을 받아야 하는 거 아니니? 이상하다, 이상해!

꿀꿀이죽을 먹는 아이들

너희들도 알다시피 1950년 6월 25일에는 큰 전쟁이 일어났잖아? 그 전쟁으로 가뜩이나 어려웠던 경제는 더 나빠져서 아주 못사는 한심한 나라가 되었지. 도시에선 미군이 먹다 버린 음식물로 꿀꿀이죽을 쑤어 먹고 농촌에선 보릿고개를 겪었다던걸? 보릿고개란 봄이 되면 식량이 다 떨어져 보리가 나는 6월까지 풀이나 나무뿌리로 배를 채우는 거래. 어휴~ 나는 이런 일은 옛이야기에나 있는 줄 알았어. 그런데 미국의 원조에 의지해 옷이며 밀가루를 받아 살아야 했다니. 으~ 불쌍해.

일자리가 없어서 도시에도 실업자가 넘쳐 났는데 농촌은 더 살기 어려워서 농민들은 도시로 몰려들었다나 봐. 사람들이 갑자기 도시로 몰려드니까 집도 턱없이 모자라고 상하수도 문제도 해결이 안 돼서 도시가 오염되기 시작했어.

청계천 판잣집

으~ 저 다닥다닥 붙은 판잣집들 좀 봐. 사람들이 이렇게 못사는데도 썩을 대로 썩은 관리들과 기업은 원조받은 물건을 빼돌리며 부정을 저질렀다던걸? 정부도 이들과 한편이 되어 문제를 해결할 정책도 내놓지 못했다더라. 그러면서도 권력은 절대 놓지 않으려 들었다지 뭐야? 친일했던 사람들이 권력을 잡아 나라와 국민을 걱정하기는커녕 저 혼자 잘살 궁리를 해서 그랬나 봐.

그때 헌법에는 대통령 임기가 4년인데 딱 두 번만 하기로 되어 있었대. 그런데 이승만 대통령은 계속하려고 헌법까지 고쳐서 국민이 대통령을 뽑는 직접 선거로 바꿔 버렸다던걸? 국민들은 대통령이 잘못하는 게 아니라 관리들이 부정을 저질러 나라가 어려운 거라고 생각했다더라. 이렇게 국민들이 믿어 주니까 직선제로 바꾸면 또 대통령이 될 수 있다고 생각한 거지. 바라던 대로 대통령에 당선됐지만 갈수록 부정부패는 심해지고 살기는 더 어려워져 이승만 대통령의 인기도 점점 떨어졌대.

1960년 3.15 부정 선거 시위

권력 욕심만 부리던 대통령과 정부는 결국 1960년 3월 15일 부정 선거를 저지르고 말았지. 민주주의 선거에 익숙하지 않은 사람들에게 막걸리도 사 주고 고무

신도 사 주면서 이승만 대통령을 뽑으라고 했다나 봐. 그리고 여럿이 서 함께 투표를 하게 해서 누구를 뽑는지 서로 감시하고 아예 미리 투표한 투표함으로 바꿔치기도 했다는 거야. 이승만 정부의 인기가 형편없이 떨어져 부정을 저지르지 않으면 또 대통령이 될 수 없었기 때문이래. 선거 때마다 늘 정부가 부정 선거를 하는 걸 알았지만 이번엔 너무 심하다며 사람들이 분노하기 시작했지. 참을 만큼 참았던 사람들이 선거를 다시 하라며 시위를 벌였는데 글쎄, 정부가 시위대에게 총을 쏘며 심하게 진압했다지 뭐야? 정부가 국민에게 총을 쏘다니 말도 안 돼!

김주열

이 오빠는 김주열이라는 18살 고등학생이야. 시위에 나왔다가 사라졌는데 며칠 뒤 마산 바닷가에서 얼굴에 최루탄이 박힌채 떠올랐대. 상상만 해도 너무 무서워.

김주열 오빠의 참혹한 모습을 본 사람들은 정부와 이승만 대통령은 물러나라는 시위를 벌였지. 정부는 이번에도 총을

4.19 혁명 시위

초등생 시위

쏘아 대며 강하게 막았대. 그러나 우리 같은 초등학생들까지 나서며 시위가 전국으로 번져 가자 결국 이승만 대통령은 자리에서 물러날 수밖에 없었어. 1960년 4월 19일에 일어난 이 사건은 대통령의 독재로 민주주의가 흔들리는 걸 국민들이 지켜 낸 위대한 승리였다고 4.19 혁명이라고 한대.

아흐~ 저 깨어진 동상 좀 봐. 한때는 대한민국의 아버지로 존경받았다던데……. 법을 지키지 않은 대통령이 되어 하와이로 쫓겨 가다니 안됐다는 생각이 들기도 해. 대한민국의 첫 대통령이 민주주의 제도를 멋지게 뿌리내렸다면 얼마나 좋았겠어? 그런데 민주주의의 꽃이라는 선거를 망쳐서 저런 일을 당하다니…….

깨진 이승만 동상

우리 엄마는 이승만 대통령이 친일파에게 벌도 안 주고 부패한 관리들과 경제를 어렵게 만든 것도 아쉽다고 하시더라. 그리고 대한민국의 첫 대통령이 12년 동안이나 독재를 하다가 남의 나라로 쫓겨 간 건 역사에 큰 잘못을 남긴 거래.

그런데 이승만 대통령이 물러나자 대통령의 독재에 질려서인지 내각 중심제로 바뀌었대. 내각 중심제는 국민이 뽑은 의원들로 내각이 만들어지는데 이 내각의 우두머리인 총리가 정치를 이끄는 거야. 총리가 대통령보다 권한이 더 커지는 거라던데?

그래서 새로 대통령이 된 윤보선 대통령보다 장면 총리가 중심이 되어 정치를 이끌었지. 독재에 억눌렸던 사람들은 민주주의 요구를 쏟아내어 조금은 혼란했다더라. 1948년 민주주의 나라가 되었다지만 민주주의를 제대로 경험해 보지 못했기 때문에 어수선할 수밖에 없었다나 봐. 그런데 새 정부가 들어선 지 1년도 못 되어 군인들이 강제로 권력을 빼앗는 일이 벌어졌어!

박정희가 일으킨 군사 쿠데타

저기 한가운데 뒷짐 지고 검은 선글라스를 낀 사람이 군사정변을 일으킨 박정희 소장이야. 1961년 5월 16일 새벽, 3500명의 군인과 함께 총과 탱크로 정부의 모든 권한을 정지시켰다던걸? 그러면서 부패한 정치가 바로잡히고 국민이 더 이상 굶주리지 않는다면 군대로 돌아가겠다는 약속을 했대. 군인들이 정치에 나서는 것을 못마땅해하는 국민들도 많아서 그런 약속을 한 거라더라. 헐~ 그런데 오른쪽에 무섭게 생긴 아저씨는 수류탄을 두 개나 어깨에 매달고 있어! 어후~ 사람들은 정말 무서웠겠다…….

박정희 대통령 때 있었던 일

엥, 이게 뭐야? 선글라스 썼던 박정희 소장이 이번엔 대통령이 되었네! 군대로 돌아가겠다더니, 군복을 벗고 대통령 선거에 나와서 1963년 대한민국의 5대 대통령이 되었어.

이때도 우리나라는 여전히 가난했지. 그래서 박정희 대통령은 경제 개발을 서둘렀대. 일본의 원조를 받아서라도 가난을 벗고 싶었다나 봐. 그래서 일본과 협정을 맺었는데 이 사진이 '한일 협정'에 사인하는 모습이야.

해방된 지 20년 만에 두 나라가 화해하게 된 거라는데 사람들이 엄청나게 반대했대, 나라를 다시 팔아먹는 일이라면서. 왜냐하면 일본에게 제대로 된 사과도 못 받고 무상으로 3억 달러를 받으며 일제에게 입은 피해 배상금이 해결된 것처럼 넘어갔기 때문이라나? 징병이

한일 협정 조인식

나 징용을 당했거나 일본군 성노예로 고통받은 분들과 독립운동을 하다 희생당한 분들의 한을 전혀 풀어 주지 못했대. 3억 달러도 일제가 끼친 피해에는 어림도 없는 액수였다나 봐. 그런데도 이 협정 내용 때문에 지금까지 일본은 일제 때 우리에게 입힌 피해에 대해 다 끝난 것처럼 말하고 있다니 정말 속상하지?

베트남 파병

이 사진은 베트남에 우리 군인들이 참전하러 갈 때 찍은 거야. 1960년대 베트남도 공산주의 사상과 자본주의 체제를 가진 두 정부가 싸우고 있었대. 5000명이 넘는 우리나라 군인 아저씨들이 베트남의 전쟁터에서 희생당하며 잘 싸웠는데, 잘못도 있었나 봐. 민간인을 죽이는 일도 벌어져 베트남 사람들이 한국군을 원망하는 증오비를 세웠다던걸?

베트남인이 세운 증오비 VS 한국인이 베트남에 세운 학교

그래서 1992년 베트남과 수교를 맺으며 노무현 대통령이 사과도 하고 학교를 세워 주며 마음을 풀어 주려고 노력했대. 잘못한 건 잘못했다고 사과하는 우리 대통령 정말 멋있다, 그치?

독일에 파견된 광부들

이분들은 독일에 파견된 광부와 간호사들인데 독일까지 가서 달러를 벌어들였다더라. 그때 우리나라는 경제를 발전시키고 싶어도 일제의 수탈과 전쟁의 폐허 그리고 이승만 정부의 부정부패로 돈이 없었대. 이분들은 1000미터 이상의 깊은 땅속에서 뜨거운 열을 견디며 10시간이나 석탄을 캐셨다던걸? 그리고 덩치가 큰 서양인을 간호하는 힘든 일도 마다하지 않고 열심히 일해서 고국으로 달러를 부쳐 주었어. 그 돈이 우리나라 경제를 살리는 데 큰 도움이 되었다더라.

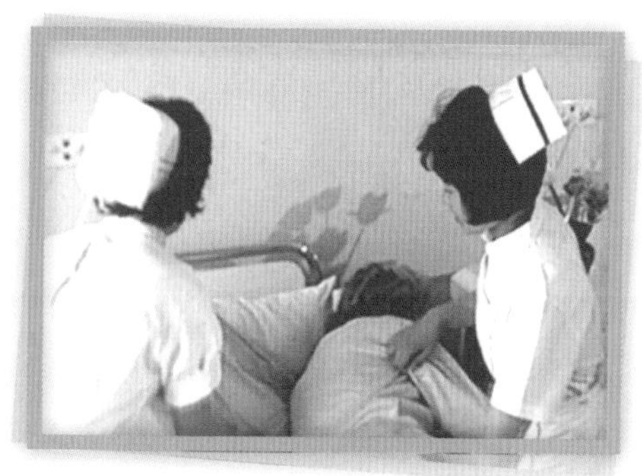
독일에 파견된 간호사들

뜨거운 모래바람이 부는 중동에 가서도 어느 나라 사람들보다도 열심히 일을 했대. 40도가 넘는 한낮의 더위와 영하로 떨어지는 밤의 추위를 견디며 건물을 세우고 다리도 놓았고. 정말 힘드셨겠다~. 얼마나 부지런하던지 중동 사람들이 한국 사람이라면 무조건 믿었다던걸?

그런데 외국에 나간 사람들만 열심히 일한 게 아니야. 국내에서도 한 번 잘 살아보겠다고 다들 주먹을 불끈! 쥐었다더라. 가진 게 너무 없어서 사람의 손이 많이 필요한 옷감이나 신발, 가발 만들기에 매달렸지. 아침부터 밤까지 정말 열심히 일을 해서 해외에서도 한국 상품을 알아주기 시작했대. 가발은 "메이드인 코리아가 최고!"라고 했다던데? 뉴스만 틀면 수많은 일터에서 개미처럼 일하는 노동자들의 모습이 나왔대. 이 사람들을 정부에서도 산업 역군이라며 추켜올렸다더라. 다들 지긋지긋한 가난에서 벗어나려고 엄청난 노력을 한 거 같아.

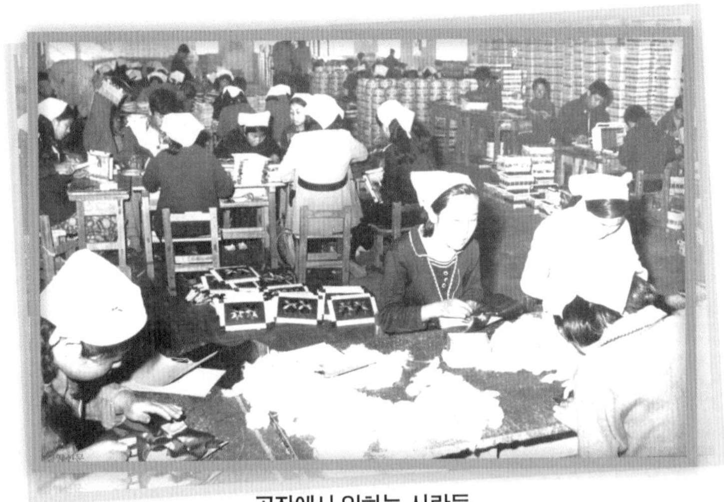

공장에서 일하는 사람들

1970년 7월 7일 경부 고속 도로가 놓여졌어! 서울에서 부산까지 하루면 가게 되었다고 온 나라가 축제였대. 지금은 KTX가 있어서 별 거 아닌 거 같지만 그때만 해도 전국이 일일생활권이 된 건 아주 대단한 거라더라. 하지만 고속도로를 3년 만에 놓느라고 일흔일곱 분이나 돌아가셔서 해마다 이분들을 위로하는 위령제를 지내고 있다지 뭐야? 에이~ 좀 천천히 안전하게 만들지…….

경부 고속 도로

아우~ 이 사진 너무 끔찍하지? 불을 뒤집어쓴 이 오빠는 평화 시장에서 옷 만드는 일을 하던 23살의 노동자 전태일이야. 젊은 청년이 근로 기준법 책을 들고 스스로 불에 타서 죽은 사건은 나라를 발칵 뒤집어 놓았대.

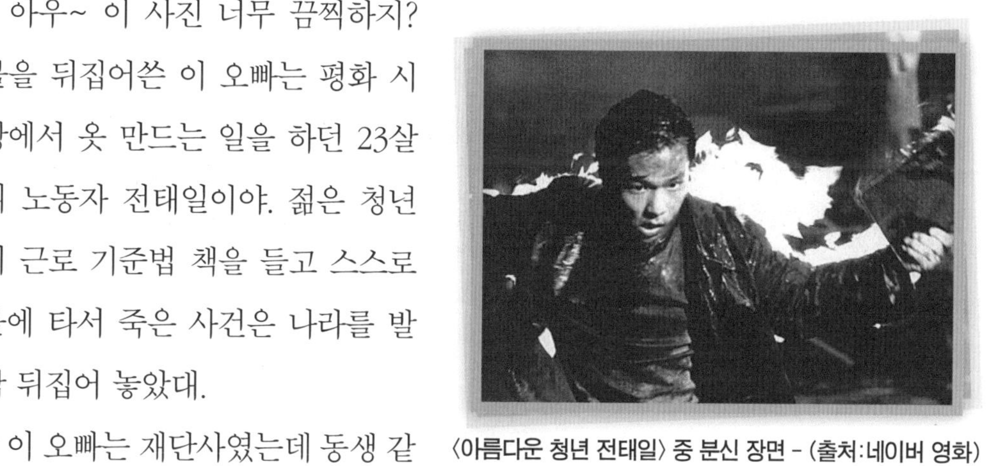
〈아름다운 청년 전태일〉 중 분신 장면 - (출처:네이버 영화)

이 오빠는 재단사였는데 동생 같은 어린 소녀들이 하루 16시간씩 일하는 걸 보고 아주 마음 아파했다더라. 먼지가 폴폴 날리는 창문 하나 없는 비좁은 작업장에서 일하는 모습이 얼마나 안쓰러웠을까~. 잠 안 오는 주사를 맞아가며 밤새워 일을 하는 날도 많았대. 한 달에 두 번밖에 쉬지 못했다니 하루 8시간 노동하고 일요일은 쉰다는 근로 기준법이 지켜지지 않았던 거지. 그래서 노동자들의 고통을 알리려 **노동청**도 찾아가고 신문사도 찾

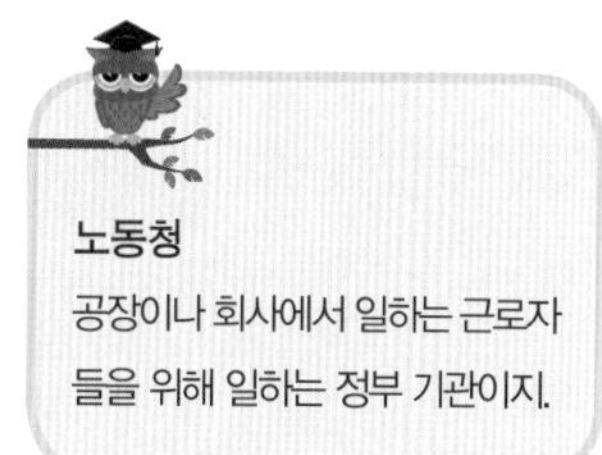
노동청
공장이나 회사에서 일하는 근로자들을 위해 일하는 정부 기관이지.

아갔는데 잠깐 관심을 보이다 오히려 탄압을 했다는 거야. 산업 역군이라며 추켜세웠다더니 말뿐이었나 봐.

희망이 꺾인 전태일 오빠는 지켜지지도 않는 근로 기준법이 무슨 소용이냐며 근로 기준법 책과 함께 불에…… 아휴~ 나는 오빠가 죽어가면서

"노동자는 기계가 아니다."

라는 말을 했다는 게 참 슬펐어.

그런데 이 오빠의 죽음은 탄압이 두려워 숨죽이던 노동자에게 용기와 희망이 되었지. 노동자의 상징이 된 전태일 오빠는 청계천에 가면 만날 수 있어. 고개를 젖혀야 볼 수 있는 동상이 아니라 같이 사진 찍을 수 있는 동상이어서 나는 참 좋더라.

전태일 동상

새마을 운동

새벽종이 울렸네
새 아침이 밝았네
너도 나도 일어나
새 마을을 가꾸세…….

이 새마을 노래가 울리면 농촌에서나 도시에서나 일찍 일어나 집 앞도 쓸고 마을 일도 함께했대. 이걸 새마을 운동이라 했는데 농촌은 이 운동으로 초가집은 슬레이트로 바뀌고 길도 넓어지고 전기도 들어와 살기 편해졌다더라.

하지만 농사지어서 먹고살기는 갈수록 힘들어져 젊은 사람들은 도시로, 도시로 몰려들었다던걸? 왜냐하면 공장에서 물건을 만들어 해외에 수출하는 산업을 최고로 여겨 농산물 가격은 묶어 두었기 때문이래. 정부는 가난한 노동자가 배는 곯지 않아야 불평을 하지 않을 거라고 생각했다나? 그래서 농산물 가격은 올리지 못하게 했대.

농촌에선 새벽부터 밤까지 아무리 열심히 일을 해도 살 길이 없으니까 젊은이들은 고향을 떠났지. 그래서 농촌엔 나이 든 사람만 남게 된 거라더라.

사람의 일손이 많이 필요하던 경공업에서 전기, 가전, 철강, 금속, 정유, 조선 같은 중공업도 발전하기 시작했는데 그 속도가 아주 빨랐대. 하루가 다르게 변화하는 대한민국이었다던데! 그래서 사람들이 가장 많이 하는 말이

"빨리, 빨리"

였다나? 어느 곳에서나 말이야.

"짜장면 곱빼기 빨리 주세요, 빨리!"

박정희 대통령과 악수를 하고 있는 사람이 누군지 모르지? 놀라지 마, 저 사람은 북한에서 온 사람이래. 남과 북의 높은 사람들이 오고 가더니 1972년 7월 4일 남북 공동 선언도 발표됐대. 전쟁과 미움으로 쌓인 감정을 풀고 서로 힘을 합쳐 평화 통일을 이루자고 마음을 모았다나 봐. 그래서 **직통 전화**도 놓였지. 남과 북의 갑작스런 화해에 국민들은 깜짝 놀랐지만 정말 통일이 되려나 보다고 막 들떴는데…… 다음 해 의견이 너무 달라서 갑자기 남북 대화가 뚝! 중단되고 말았대. 에이~ 사람들은 좋다 말았겠다!

직통 전화
남한과 북한의 책임자가 직접 연락할 수 있는 전화야.

남북 대화가 끊기자마자 전국에 비상계엄이 선포됐다는데 어쩐지 좋은 일은 아닐 거 같지? 맞아, 대통령이 군대를 동원해서

"모든 헌법의 기능을 멈춰!"

7.4 남북 공동 성명-박정희와 악수하는 북한 인사

비상계엄 선포와 유신 헌법 공포식

그런 거래. 어~ 박정희 대통령은 두 번씩이나 나라의 기능을 멈추라고 한 거잖아?

국회를 해산시키고 정치 활동도 못하게 하고 대학도 문을 닫으라고 했다더라, 대통령의 독재에 언니 오빠들이 시위를 벌일까 봐 그랬대. 신문이나 방송도 허락받아야 내보낼 수 있었고, 이 일에 대해 항의하는 사람은 막 잡아갔다는 거야. 술을 먹다 실수로 정부가 하는 일을 욕해도 잡아갔다던걸? 에고, 무서워라.

그런데 왜 이런 일을 한 거냐고 엄마에게 물었더니 '유신 헌법'을 만들기 위해서 그런 거래. 북한과 겨루고 있는 대한민국은 서양처럼 자유 민주주의를 누리는 헌법이 맞지 않기 때문에 한국의 상황에 맞는 헌법을 만들어야 한다고. 그래서 '유신 헌법'을 한국적 민주주의라 했다는데 맞는 이야기 같기도 하고, 아닌 거 같기도 해서 헷갈렸는데…….

통일주체국민회의의 대통령 선거(장충체육관)

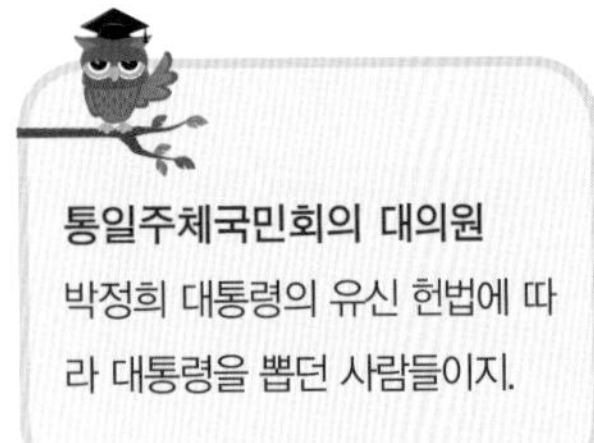

통일주체국민회의 대의원
박정희 대통령의 유신 헌법에 따라 대통령을 뽑던 사람들이지.

체육관에서 대통령을 뽑는 이 사진을 보고 나는 유신 헌법은 이상한 헌법이라는 생각이 들었어. 잘 들어 봐. 유신 헌법에선 대통령을 국민이 뽑는 게 아니라 국민이 뽑은 **통일주체국민회의 대의원**들만 투표를 할 수 있었대. 그러니까 직접 선거가 아니라 간접 선거로 바뀐 건데 대통령이 99.9%의 찬성표를 얻어 당선됐다는 거야. 헐~ 우리 반 반장 투표도 이렇게 몰표는 안 나오던데? 그런데다 대통령을 세 번 할 수 없다는 헌법을 고쳐서 이미 세 번이나 대통령을 한 박정희 대통령이 또 네 번째 대통령이 되었다지 뭐야? 유신 헌법에선 대통령의 임기가 4년에서 6년으로 늘었고 여러 번 해도 된다고 고쳤대. 아이쿠~ 조선 시대로 돌아간 거야, 뭐야?

이것만이 아니야. 대통령이 헌법을 정지시키고 국회를 해산하거나 국회의원의 1/3을 지명할 수도 있게 고쳤다던걸? 아무리 대통령이라지만 헌법을 마음대로 정지시키고 국민이 뽑아야 할 국회의원도 지명

한다니 대통령이 조선의 왕보다 더 막강 파워라는 생각이 들더라.

그래서 자유를 억압당한 유신 헌법 시대를 겨울 공화국이라 하고 대통령을 독재자로 불렀다나 봐. 겨울 공화국에선 사람들이 모이는 것도, 자유롭게 노래를 부르는 것도 안 돼! 남자의 머리가 좀 길어도 안 돼! 여자들 치마가 짧아도 안 돼! 안~돼! 투성이였대.

얘들아, 이 도표 좀 봐! 유신 헌법으로 국민이 원하는 민주주의는 오히려 뒷걸음질 쳤는데 나라 살림은 해마다 쭉쭉 늘었잖아! 1977년에는 1인당 국민 소득이 1000달러를 넘고 수출액 100억 달러를 달성했대. 야호! 전쟁이 끝났을 때 1인당 국민 소득이 70달러도 안 되는 정말 가난한 나라였는데 30년 만에 후진국이라는 불명예는 벗었다, 그치?

하지만 문제점도 많았던 거 같아. 산업을 키우는 정책이 우선이라 농촌은 소외되고 쌀값까지 묶어 두어 농민들은 고통스러웠잖아? 노동자들에겐 노동의 대가를 제대로 주지 않아 불만이 컸는데 정부는 기업 편만 들어 노동 환경이 나아지지도 않았다던걸? 어~ 참 이상하다…… 가난을 벗은 건 정말 부지런히 일한 이분들 덕분 아니니?

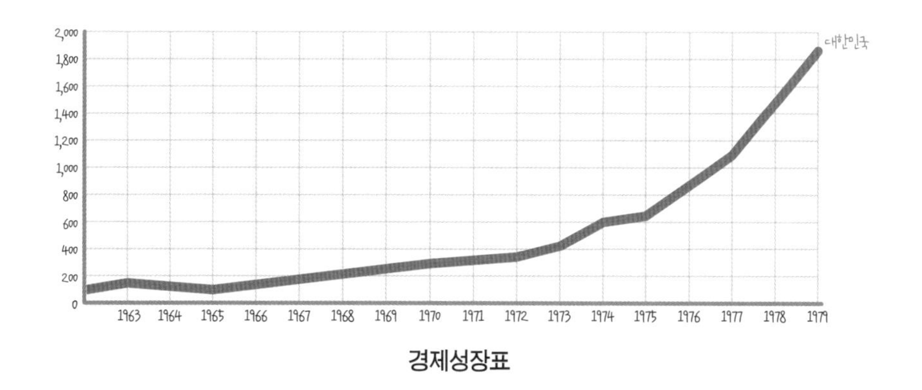

경제성장표

서울의 봄-서울역 광장

서울역 광장에 모인 사람들 모습인데 왜 이렇게 많은 사람들이 모였는지 알아? 글쎄, 1979년 10월 26일 박정희 대통령이 부하의 총에 맞아 갑자기 돌아가시는 사건이 벌어졌다는 거야. 그러자 민주주의를 되찾을 희망에 부푼 사람들이 서울의 봄이 왔다며 몰려나온 거지. 사람들은 이번에야말로 겨울 공화국을 끝내고 자유와 평등을 누리는 민주주의 나라가 되길 바랐는데…….

또다시 군인 정치

1979년 12월 12일 군인들의 모임인 '하나회'와 그 모임을 이끌던 전두환 소장이 무력으로 군대를 장악하는 일이 벌어졌어. 그러더니 민주주의를 요구하는 사람들을 잡아가고 대학교는 문을 닫으라고 했다지 뭐야? 전국에는 계엄군이 쫙 깔려서 다시 겨울 공화국이 되는 거 같았대. 전두환하고 박정희 대통령하고 똑같은 일을 한 거 같다니까 엄마가 고개를 끄떡! 하시더라. 뭐야, 왜 이런 일이 반복되는 거지?

어머, 군인이 왜 저 오빠를 때리는 거야? 너희들도 이상하지? 광주에서도 대학생들의 민주화 운동이 일어났는데 사진처럼 계엄군이 학생을 마구 때리고 죽이는 일까지 벌어졌대. 국민을 보호해야 할 군인들이 학생들을 너무 잔혹하게 때리자 시민들이 항의를 했는데 어머나, 시민들까지 마구 때리고 짓밟았다더라.

5.18 광주 민주화 운동

그런데 신문이나 방송은 이 사실을 있는 그대로 알린 게 아니라 빨갱이들이 시민들을 선동해서 벌어진 일이라고 했다나 봐. 군인들이 시민을 죽인다는 이야기도 그들이 퍼뜨린 거짓말이라고 해서 우리 엄마도 그렇게 믿었다던걸!

하지만 많은 사람들이 계엄군에게 끌려가고 총, 칼에 죽는 걸 눈앞에서 본 광주 시민들은 분노했대. 그래서 무기 창고에서 총을 꺼내 계엄군과 싸우는 시민군을 도와 함께 맞서게 됐다더라. 광주는 계엄군의 무지막지한 폭력에 아수라장이 되고 말았지만 시민들끼리는 질서가 아주 잘 지켜져 작은 도둑질도 일어나지 않았대. 하지만 이 사건으로 수백 명이 죽거나 사라지고 수천 명이 다쳤다니, 너무 무서워.

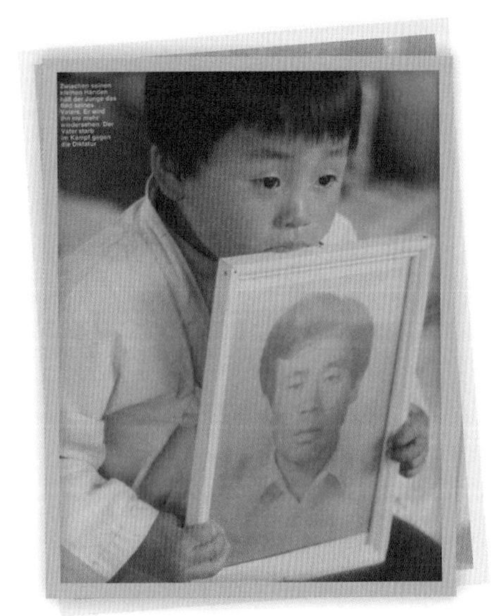
아빠 잃은 아이(5.18 기념재단 제공)

이 아이의 아빠, 엄마는 계엄군에게 돌아가셨다나 봐. 전쟁이 일어난 것도 아니고 무슨 죄를 지은 것도 아닌데 우리나라 군인들에게 죽다니 이런 일이 왜 일어나야 하는 거지? 정말 슬프다. 이 슬픈 광주 민주화 운동은 국가의 잘못된 폭력에 맞선 시민들의 놀라운 승리로 유네스코 기록 유산이 되었어. 하지만 자랑스러운 기록은 아니라는 생각이 들잖니? 이런 일은 다시는 일어나지 말았으면 좋겠어…….

전두환 대통령 때 있었던 일

박정희 대통령을 이었던 최규하 대통령은 새로 권력을 잡은 전두환 소장의 눈치를 보며 꼭두각시 노릇을 하다 갑자기 물러났대. 그러자 바로 전두환 소장이 통일주체국민회의에서 99.9%의 찬성표를 얻어 11대 대통령이 되었어. 또다시 군인 대통령이 나온 거야. 전두환 소장이 광주 시민을 학살하라는 명령을 내린 사람이라는 소문이 돌았는데도 어떻게 저렇게 많은 표를 얻었던 걸까? 나는 저 통일주체국민회의 대의원도 꼭두각시 같다는 생각이 들더라. 국민들이 대통령을 뽑았다면 군인 전두환이 대통령이 되는 일은 절대, 절대 없었을 텐데…….

전두환 대통령도 겨울 공화국의 박정희 대통령처럼 자유와 민주주의를 억압했지만 민주화 운동은 멈추지 않았대. 그러다 또다시 국민이 분노할 사건이 터지고야 말았어!

저 영정 사진 속의 오빠는 박종철이라는 민주화 운동을 하던 서울대학교 학생이야. 그런데 경찰의 물고문을 받다가 죽었다지 뭐야? 물고문은 욕조에 사람을 거꾸로 넣어 자백을 받아 내는 거래. 헉~ 민주주의 나라에서 고문이라니 말도 안 되지 않니? 그런데 국민들을 더 화나게 했던 건 경찰의 거짓 발표였대. 글쎄, 경찰이 책상을 '탁' 치니까 오빠가 '억' 하고 쓰러져 죽었다고 했다나? 신문도, 방송도 이게 사실이라고 말했고. 에이, 어떻게 젊은 오빠가 책상 한 번 쳤다고 죽겠어? 이러니 말도 안 되는 거짓말을 늘어놓는 정부에 맞서는 사람들이 늘어만 갔지. 학생, 정치인, 예술인, 시민들이 다들 모여서 잘못된 헌법을 고치라고 외치기 시작했대.

박종철 사건 – 서울대생들의 시위

어, 어~ 이 오빠는 또 뭐지? 헌법을 고치라는 시위를 하다가 머리에 경찰이 쏜 최루탄을 맞아 정신을 잃었다나 봐. 저 오빠는 저대로 혼수상태에 빠졌다가 죽고 말았어.

최루탄을 맞은 이한열

와, 이 많은 사람들 좀 봐! 젊은 학생들이 민주화를 요구하다 희생당하는 모습을 더 이상 볼 수 없다며 수많은 사람들이 민주화 운동에 나선 거래. 시민들은 평화 대행진을 하며 민주적인 헌법을 다시 만들라고 힘차게 요구했지. 그러자 민주화 운동을 폭력으로 막기만 하던 정부도 두 손을 들었다더라. 대통령도 국민이 뽑을 권리를 되찾아 오고 언론과 출판도 허가나 검열을 받지 않아도 되었다던걸? 그리고 국민이 원하면 언제든지 뜻 맞는 사람끼리 모임을 만들어도 된다고 했대. 민주주의를 억압하는 정

6월 항쟁(명동성당)

부에 맞서서 국민들이 승리한 거라고 사람들은 축제 분위기였다나!

4.19 혁명처럼 국민들이 또다시 민주주의를 지켜 낸 역사적인 사건이었지. 그래서 그날 하루 찻값을 받지 않는 집도 있었다더라. 햐~ 좋았겠다.

노태우 대통령 때 있었던 일

군인들이 정치를 하면서 민주주의를 너무 억눌렀기 때문에 많은 사람들은 군인이 아닌 사람이 대통령이 되길 바랐는데 뜻대로 되지 않았대. 독재 정권과 싸워서 인기가 많았던 김대중과 김영삼 할아버지 두 분이 함께 나와 표가 나뉘고 말았다지? 그래서 전두환 소장과 함께 12.12 사태를 일으켰던 군인 노태우가 대통령이 되었어. 다시 군인이 대통령이 되었지만 예전처럼 민주주의를 억누를 수는 없었지. 6월 항쟁을 승리로 이끈 국민들이 민주화를 열렬하게 바랐기 때문이야.

1988년 서울 올림픽

1988년 서울 올림픽이 열렸어! 세계 각지에서 모여든 사람들은 깜짝 놀랐다던걸? 전쟁이 일어난 지 40년도 못 되어 눈부시게 발전한 한국을 보고 '미라클'이라고 했다더라. 한강의 기적이라며 우리나라를 달리 보기 시작했고 사람들도 자부심을 갖게 되었어.

우리 엄마는 해방과 전쟁 그리고 산업화를 겪으며 큰 혼란 속에서도 빠르게 발전한 대한민국이 자랑스럽다고 하시더라. 하지만 경제를 빠르게 성장시킨다며 힘으로 국민들의 자유와 민주주의를 억누르는 일이 없었다면 더 좋았을 거래. 나도 그렇게 생각해.

유엔(United Nations)
제1차 세계대전 때 만들어진 국제 연맹을 이은 국제 연합은 세계의 문제를 함께 해결하려는 국제 기구야.

남과 북은 평화를 위해 나란히 유엔에 가입했어.

1991년 남북한 유엔 동시 가입

한반도기

남북 체육 단일팀

그리고 남북 체육 단일팀도 만들어 국제 대회에 나가 함께 다른 나라와 겨루기도 했지. 저 파란 한반도기에 붉은 3.8선이 없으니까 정말 보기 좋다!

그리고 소련이나 동유럽의 공산주의 나라들과도 외교 관계를 맺어 거대한 수출 시장이 열렸대. 우리나라는 단군 이래 최대의 호황을 맞았다며 아주 좋아했다던걸? 그때는 마침 석유 값도 낮고 세계은행의 금리도 낮아서 석유를 수입하고 돈도 꾸어 와야 하는 우리나라한테는 아주 유리했다나 봐. 그래서 경제가 빠르게 발전했고 아시아의 용으로도 불리며 자신감이 쭈욱 올라갔다더라.

김영삼 대통령 때 있었던 일

아~ 드디어 군인이 대통령이 되는 시대가 끝이 나고 김영삼 할아버지가 대통령이 되었어! 사람들은 32년 만에 **문민정부**가 되었다고 아주 기뻤대. 군인들의 강압 정치가 너무 싫었던 거지. 김영삼 대통령의 인기는 아주 높았는데 그 이유는 이 사진을 보면 알 수 있어.

재판받는 두 대통령

죄수복을 입은 두 분은 전두환, 노태우 전 대통령들이야. 놀랐지? 대통령까지 지낸 사람들이 감옥에 가는 일이 예전에도 있었다니…….

군대의 힘을 빌려 나라의 권력을 빼앗고 맞서는 국민들을 폭도로 몰아 죽인 죄, 대통령이 되어서도 부정한 방법으로 엄청난 돈을 모은 죄로 벌을 내렸대. 피고 전두환은 무기징역, 피고 노태우는 징역 17년! 대통령이라도 잘못을 저지르면 감옥에 보내는 우리나라는 정말 멋진 나라야. 하지만 대통령이 감옥에 갈 정도로 나쁜 일을 저지르다니 에이, 창피하다. 으응? 전 대통령들이 정말 징역을 살았느냐고? 아니~ 김영삼 대통령이 특별히 봐 주는 사면령을 내려 1년도 못 되어 나왔다나 봐.

문민정부
군인이 아닌 일반인이 대통령으로 선출되어 만든 정부야. 1993년 김영삼 대통령이 되면서 문민정부가 시작된단다.

금융 실명제
모든 돈거래는 자기 이름으로만 하도록 했기 때문에 비리나 부정부패가 적어진대.

김영삼 대통령은 어떤 대통령도 하지 못했던 일을

하셨는데 그게 바로 금융 실명제야. 금융 실명제는 모든 돈거래를 반드시 자기 이름으로만 하게 해서 부정부패의 싹을 싹둑! 자른 거라더라. 그리고 나랏일을 하는 사람들의 재산도 다 밝히

금융실명제 오늘부터

금융實名制 전면 단행

금융 실명제 실시

게 해서 부정한 돈을 받을 수 없게 만들었다던걸? 으음~ 잘은 모르겠지만 왠지 깨끗한 사회가 될 거 같다는 생각이 들지 않니? 잘만 지켜진다면 말이야~.

와~ 이건 일제가 세운 조선 총독부가 철거되는 모습이야. 저곳에서 일본 사람들은 우리나라 사람들을 영원히 지배하려고 했겠지? 우리 엄마는 조선의 정궁인 경복궁 앞을 딱 막고 섰던 거만한 건물이 싹 치워져 속이 다 후련했다더라. 그런데 나는 저 건물을 없애지 않

조선 총독부가 철거되는 모습

고 다른 곳으로 옮겼다면 더 좋았을 거 같아. 왜냐하면 조선 총독부 건물을 보면 다시는 나라를 빼앗기지 말아야겠다고 생각할 테니까.

지방 자치제도 만들어졌는데 지방 자치제는 각 지방의 일은 그 지역의 사람들이 스스로 알아서 할 수 있도록 한 제도야. 자기 지역의 일을 하는 사람들을 그 지역 주민이 뽑기 때문에 민주주의의 뿌리가 단단해진다나 봐. 그래서 풀뿌리 민주주의라 하던걸? 그 이야기를 들으며 동학 농민 운동 때 집강소 같은 거냐니까 우리 엄마 얼굴이 환해지면서 과거와 현대를 넘나드는 진짜 공부를 하고 있다며 좋아하시더라. 나, 어떡하지? 어쩌다 툭 튀어나온 생각이었는데…….

1995년에는 1인당 국민 소득이 1만 달러가 넘고 다음 해는 선진국들만 가입한다는 OECD(경제협력개발기구)에도 가입했어. 후진국에서 중진국을 넘어 선진국으로~ 햐아, 우리나라 정말 대단하지?

국제통화기금(IMF)의 도움

어, 그런데 이게 뭐야~ IMF(국제통화기금)! 털썩! 너희도 이게 뭔지 알지? 나라의 경제가 어려워지면 돈을 빌려주는 곳이잖아. 아시아의 용이니 뭐니 하면서 잘나가던 우리나라가 돈을 꿔 와야 하는 처지가 되고 말았네…….

엄마한테 왜 갑자기 이렇게 된 거냐니까 우리나라가 외국에서 돈을 너무 많이 빌려다 써서 그렇게 된 거래. 외국에서 빌려주는 돈의 이자가 낮아서 우리나라 은행들이 마구 빌려 기업들에게 빌려주었대. 기업들은 그 돈으로 여러 사업을 무리하게 벌이다 돈을 갚지 못했다나 봐. 그래서 은행들이 줄줄이 무너지며 우리 사정이 나빠지니까 외국의 투자자들이 한꺼번에 돈을 빼 가는 바람에 빚더미에 앉게 된 거지. 할 수 없이 IMF에서 돈을 꾸어다 위기를 벗어나긴 했는데……. 그 고통을 국민들이 치러야 했다지 뭐야?

여기 신문지를 덮고 누운 사람들은 길에서 사는 사람들이라 노숙자라 불렸어. 갑자기 직장과 집을 잃어 어렵게 된 사람들이지. 왜냐하면 IMF에서 돈을 꾸어 주며 기업의 몸집을 줄이라고 했대. 그러자 기업은 직원을 내보내 나가는 돈을 줄이는 쉬운 방법으로 위기를 벗어났다지 뭐야? 잘못은 기업이 한 거 같은데 평생 열심히 일한 사람들보고 나가라고 했다니 너무해!

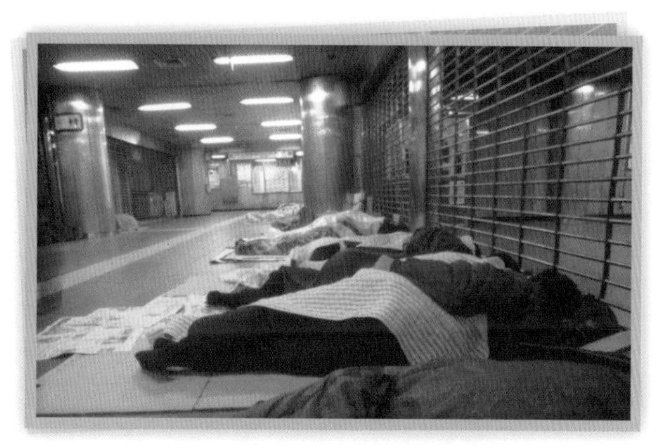

길거리에서 사는 노숙자들 모습

이때 정부와 은행이 도와준 큰 기업은 살아남았지만 15000개의 중소기업은 문을 닫아야 했다나 봐. 아쿠~ 갑자기 직장을 잃은 사람들과 그 가족들은 어떻게 살았을까? 이 일 때문에 문민정부의 대통령으로 한때 엄청난 사랑을 받았던 김영삼 대통령은 쓸쓸히 물러나야 했다더라. 외환 위기를 겪게 한 무능한 대통령이란 소리를 들으며…….

김대중 대통령 때 있었던 일

이건 국민들이 앞장서서 금을 모으고 있는 장면이야. 이렇게 모은 금이 227톤이나 되어 나라의 빚을 갚는 데 큰 보탬이 되었어. 한국인들의 단합에 세계가 또 한 번 놀랐지. 이런 일은 세상 어디에서도 일어난 적이 없었기 때문이야. 한마음으로 오뚝이처럼 다시 일어나 2001년 IMF에서 빌린 돈을 모두 갚았대, 역시!!!

금 모으기 운동

그런데 나라와 전 국민의 노력으로 위기를 벗어났는데도 기업은 직원을 많이 뽑지 않고 비정규직을 많이 늘렸지. 비정규직은 1, 2년 고용했다가 마음에 안 들면 해고할 수 있대. 정규직만큼 돈을 안 줘도 되고 혜택도 안 주니까 회사에 유리한 거라더라. 사람이 뭐 일회용도 아니고 한두 번 고용했다가 나가라고 하다니 이건 너무하잖아?

햇볕 정책

금강산 관광

와아~ 이게 그 유명한 금강산이다! 무려 50년 만에 북쪽에 있는 금강산을 여행할 수 있게 됐대. 김대중 대통령은 북한에 햇볕 정책을 펼쳐 서로 대화하고 교류하기로 했지. 물자가 많이 부족한 북한에게 경제적인 도움을 주며 통일의 길을 열려는 거라던걸? 그래서 좀처럼 나라의 문을 열 줄 몰랐던 북한이 서서히 문을 열기 시작했다더라.

나는 나그네의 옷을 누가 먼저 벗기는지 내기하자던 바람과 햇볕이 생각나던데? 거센 바람은 나그네의 옷깃을 더 감싸게 만들었지만 햇볕은 스스로 벗게 만든다는 그 이야기 말이야.

6.15 남북 정상 회담

이건 김대중 대통령과 북한의 지도자 김정일이 평양에서 만나는 사진이야. 남북의 지도자가 만나는 건 처음이라 역사적인 사건이 일어났다고 사람들이 아주 흥분했다더라. 서로 다투지 말고 평화롭게 하나가 되는 여러 가지 약속을 한 남북공동선언도 발표됐대. 이산가족들은 가족을 만날 수 있다는 희망에 들떴을 테지?

개성 공단

이건 개성에 우리나라 사람들이 공장을 세우고 북한의 주민들이 일을 하는 모습이지. 우리의 기술과 자본 그리고 북한의 노동력이 합쳐진 거야. 이대로 통일이 되면 참 좋겠다. 그러면 우린 더 빨리 선진국이 될 텐데…….

호주에서 열린 시드니 올림픽에 남북의 선수가 함께 입장하고 있네! 늘 따로 떨어져 입장하다가 저렇게 같이 입장하니까 정말 보기 좋다, 그치? 남과 북의 사이가 이렇게 좋아질 줄이야!

시드니 올림픽에서 남북이 공동 입장하는 모습

그래서 햇볕 정책을 펼친 김대중 대통령은 노벨평화

상을 받았어. 철의 장막이라 불리는 북한과 대화를 나누며 평화로운 길을 열었다고 주는 상이래. 앗싸! 우리나라도 노벨상 수상자가 생겼다~~.

하아~ 붉은 티셔츠에 머리띠, 얼굴에 페인팅까지? 이 재미나게 노는 모습은 뭐지? 이건 2002년 우리나라에서 월드컵 축구 경기가 열렸을 때의 모습이래. 전 국민이 응원하느라 난리도 아니었다나 봐. 우리 엄마 아빠도 저기에 끼어 목이 터져라 응원했대. 에잉~ 약 올라, 우린 한 번도 저렇게 신난 적이 없잖아? 그런데 어른이나 아이나 다들 날마다 모여서 저런 모습으로 응원을 했다지 뭐야? 한 달이나 계속된 축제로 온 나라가 들썩들썩하고 외국에서는 열정적인 모습에 반해서 대한민국을 다시 보게 됐다고 했대. 아~ 우리도 저런 축제 한 번 해 봤으면 좋겠다!

2002년 월드컵 응원

노무현 대통령 때 있었던 일

노무현 대통령은 가난한 집에서 태어나 어려움을 딛고 법관이 되신 분이래. 힘없는 사람들을 변론하는 인권 변호사였다가 대통령이 되셔서 그런지 권위적인 걸 아주 싫어하셨대. 높은 분이 오면 좋은 차로 마중 나오고 많은 사람들이 쫘악 서서 인사도 하고 그러잖아? 그러느라 하던 일마저 멈추는 걸 못마땅해 하셨나 봐. 권위적이고 불필요한 행사를 줄여 친근한 이웃 같은 대통령이 되고 싶으셨던 거 아닐까?

어른들이 호주제 폐지에 박수를 치며 좋아하는데 다 여자들이네? 그 이유는 집안의 주인인 호주는 대부분 남자였는데 그 제도가 없어져 여자가 차별을 받지 않아도 되었기 때문이래. 호주가 될 수 있는 자격이 아버지와 아들로만 이어졌다는 게 얼마나 이상하던지! 조선도 아닌 대한민국에 무슨 이런 제도가 있나 싶었는데, 없어졌다니 아주 시원~하다. 늦었지만 나도 박수!

호주제 폐지

1인당 국민소득 추이(단위:달러) 자료:기획재정부

연도	1인당 국민소득
2004년	1만 5082
2005년	1만 7531
2006년	1만 9722
2007년	2만 1659

2004~2007년 국민 소득

헉, 국민 소득이 2만 달러가 되었어! 우리나라 가전제품이 전 세계에 수출되고 휴대전화는 인기 캡짱! 하지만 잘사는 사람과 못사는 사람의 차이는 점점 커져서 문제가 심각해지고 있었대……. 함께하는 민주주의를 내세웠던 대통령이라 서민을 위한 정책을 많이 펼칠 거라고 기대했는데 오히려 비정규직이 늘어 실망이 컸다더라. 뭐, 이익만 쫓는 기업들이 많아져서지 대통령만 탓할 일은 아니었다던데? 대신 대기업들이 세금을 안 내거나 부당한 행위를 하는 건 법으로 막았대. 우리 아빠는 그동안 대기업의 횡포에 말도 못했던 사람들은 속이 다 후련했을 거라 셨어.

노무현 대통령은 물러난 다음 봉하 마을로 내려가 오리농법으로 농사를 짓고 하천을 살려 행복한 대통령의 모습을 보여 주었대. 그런데 말이야, 친인척이 뇌물을 받았다고 조사를 받다가 스스로 목숨을 끊으셨다지 뭐야? 에구~ 어째 행복하게 마무리하는 대통령이 없는 거 같아…….

이명박 대통령 때 있었던 일

어머, 이게 뭔가 했더니 광우병이 염려되는 미국의 소고기를 수입하지 말라고 사람들이 촛불을 들고 거리 행진을 하고 있는 모습이래. 안전한 먹거리를 바라는 집회였기 때문에 유모차를 끌고 나온 엄마들도 있었고 급식을 먹어야 하는 학생들도 많았대. 마치 소풍 나온 사람들처럼 평화롭게 행진을 했는데 정부가 물대포를 쏘며 강경하게 진압했다는 거야. 국민이 건강에 해로운 음식을 먹고 싶지 않다는 집회가 그렇게 나쁜 건가?

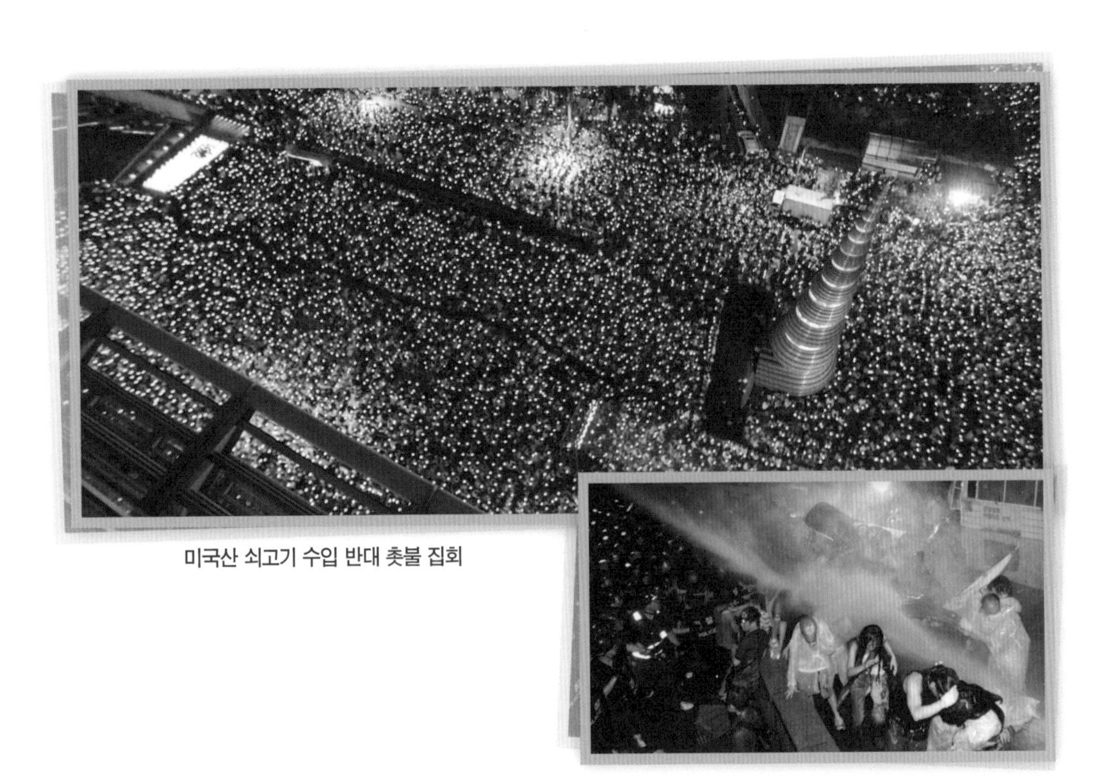

미국산 쇠고기 수입 반대 촛불 집회

정부의 강경 진압

한강, 낙동강, 금강, 영산강은 우리나라의 중요한 4대강이야. 이 강들의 홍수와 가뭄을 막고 생태계를 살리기 위해 4대강 사업을 시작했어. 그래서 보 16개, 댐 5개, 저수지 96개를 4년 만에 만들겠다고 22조원이나 들였는데…….

허걱! 이게 뭐야, 녹조 라떼? 강 주변이 온통 진한 초록색이 되어 버렸네! 강물을 막아 보를 만드니까 바닥에는 뻘이 잔뜩 쌓이고 물이 흐르질 못해서 죽음의 강이 되어 버린 거지. 저 강에 있던 생명체의 98%가 죽었다니 정말 무시무시하다! 환경을 살리겠다는 사업이 오히려 환경을 죽이는 사업이 되고 말았어. 으이그~ 좀 더 연구를 한 다음에 했어야지! 우리들이 조금만 잘못해도 나무라면서 어른들은 더 큰 잘못을 저질렀다고 하니까 우리 엄마, 고개 푹! 크크크…… 우린, 이런 잘못은 절대 하지 말자!

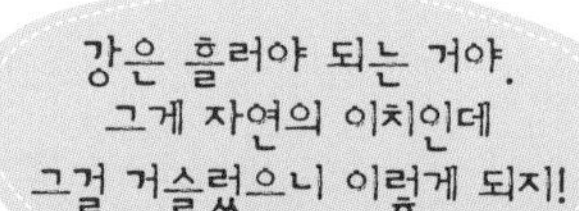

박근혜 대통령 때 있었던 일

우리나라에 처음으로 여성 대통령이 나왔어. 이건 나도 기억해. 우리 가족은 대통령 선거가 있던 날 다 같이 투표장에 갔다가 피자를 먹고 왔거든.

그런데 박근혜 대통령이 18년 동안 독재를 했던 박정희 대통령의 딸이라고 해서 깜짝 놀랐어. 박정희 대통령이 독재를 했다고 싫어하는 사람들도 있지만 그때 보릿고개가 사라지고 경제가 빠르게 발전했다며 좋아하는 사람들도 많다더라, 그래서 새 대통령에게 거는 기대도 컸다던걸?

국정 교과서 반대 집회

이 사진은 우리나라 역사 교과서를 정부에서 만들겠다고 하니까 사람들이 반대하는 거래. 그래서 엄마한테 나라에서 만든 역사 교과서로 배우는 게 나쁜 거냐고 물었지. 뭐, 나쁘다기보다는 역사적 사실을 있는 그대로 쓰지 않을 수도 있고 정부의 생각대로만 쓸 수 있기 때문에 걱정하는 거라 하셨어. 권력을 가진 정부가 옳다고 하면 비판도 없이 다 그렇게 받아들일 수밖에 없다나 봐. 하긴, 다른 생각을 갖고 있어도 시험에 나오면 교과서에 있는 대로만 써야 하잖아? 그래서 의견이 다른 여러 교과서가 있어야 한쪽으로 치우치지 않는 생각을 할 수 있대.

세월호 침몰

아~ 보기만 해도 슬프다! '세월호'라는 여객선에 탔던 사람들이 300명 넘게 희생된 거 너희들도 기억하지? 제주도로 수학여행을 가던 안산의 단원 고등학교 언니, 오빠들이 가장 많이 슬픈 일을 당했잖니? 가라앉는 배 안에 있던 사람들에게 선장은 움직이지 말라고 하고선 저만 빠져나왔지. 나라에선 구조도 제대로 하지 않아 너무 많은 사람들이 죽었어. 날마다 잠수부 아저씨들이 목숨을 걸고 시신을 건져 올렸다는 뉴스와 울부짖는 부모님 모습에 나라가 슬픔에 잠겼었지…….

세월호 사건으로 자식을 잃은 부모님들은 세월호를 인양해서 진실을 밝혀 달라는 시위를 벌였어. 배가 무엇 때문에 가라앉았는지 그리고 주위에 구조할 배들이 있었는데도 왜 적극적으로 구조하지 않았는지 밝혀 달라는 거였지. 나도 엄마, 오빠하고 그곳에서 촛불을 들고 있었어.

"어둠은 빛을 이길 수 없다
거짓은 참을 이길 수 없다
진실은 침몰하지 않는다
우리는 포기하지 않는다"

라는 노래를 부르면서 말이야.

2017년 3월 10일, 이날은 역사적으로 아주 중요한 날이야. 대통령이 처음으로 탄핵된 날이거든.

헌법재판소에서 박근혜 탄핵을 결정하는 순간
(JTBC 뉴스 캡처)

대통령을 그만두라고 한 건 국민의 이익과 안전을 위해 일해야 하는 대통령이 친한 사람의 이익을 지켜 주기 위해 권력을 함부로 썼기 때문이래. 그리고 재난을 당한 국민을 구하려고 최선을 다하지도 않아서래.

무엇보다도 법을 잘 지키는 모습을 보여 줘야 할 대통령이 잘못을 인정하지도 않고 법 집행을 방해한 잘못도 했다나 봐. 대통령도 헌법을 지켜야 하는 가장 높은 공무원이라는 소리에 나는 진짜 놀랐어. 대통령은 우리나라에서 누구의 간섭도 받지 않는 제일 높은 사람인 줄 알았거든. 그런데 대통령도 파면당하는 걸 보면서 정말 우리나라의 모든 권력은 국민에게 있다는 걸 확실하게 알았어.

그리고 어른들이 하는 투표가 얼마나 중요한지도 알게 됐지. 대통령을 잘못 뽑으니까 온 나라가 시끌시끌 난리도 아니었잖아? 어휴~ 대통령이 탄핵되기까지 석 달이 넘게 촛불 집회가 이어지고 나중엔 박 대통령을 지키자는 태극기 집회까지 맞서서 나라가 두 쪽이 나는 줄 알았어. 우리는 헌법을 잘 지키며 나라와 국민을 위해 열심히 일하는 대통령을 뽑자!

문재인 대통령 시대 시작

2018 평창 동계 올림픽

평창 올림픽이다! 북한 사람들도 참가해서 분위기도 좋고 개막식, 폐막식 다 멋있었지? 나는 TV로만 봤는데 겨울 스포츠가 환상적이더라. 경기가 펼쳐지면 밥 먹다 말고도 응원을 했어, 특히 컬링 경기는 너무 재미있었어. 우리 가족은 짜장면 그릇을 얼려서 빗자루로 쓸면서 놀았다~ 크크.

와아~ 우리나라 문재인 대통령과 핵무기로 우릴 위협하던 김정은 북한 지도자가 악수를 나누며 웃고 있어! 이날 우리도 참 좋았지, 역사적인 날이라고 수업도 안하고 TV 봤잖아? 나는 두 분이 남북한 경계선을 왔다갔다 하는 게 신기했어. 저 선을 사이에 두고 남북한 군인들이 무서운 얼굴로 서 있는 사진을 본 적이 있거든. 저 선은 함부로 넘으면 무시무시한 일이 일어난다던데, 에이, 쉽게 넘을 수 있는 선이었네~. 남북한 사람들도 저렇게 넘어다니면서 살면 안 되나?

2018년 4월 27일 두 정상의 만남은 한반도와 아시아 아니, 세계 평화까지 가져올 거래. 그래서 전 세계가 주목하고 있다던걸! 아~ 제발 이번엔 진짜 평화가 왔으면 좋겠다!

여기까지가 사진으로 들려주는 대한민국의 역사야. 아주 못살던 나라가 잘살게 되는 이야기는 아주 뿌듯하지 않았니? 뭐, 전쟁이 나기도 하고 권력을 가진 사람들이 국민을 못살게 구는 사건도 많았지만 이런저런 시련을 다 딛고 오뚝이처럼 벌떡 일어나는 모습은 정말 자랑스럽잖아! 그런 역사를 만드신 우리 할아버지, 할머니 그리고 우리 엄마와 아빠가 다시 보이던걸?

2018년 4월 27일 남북 정상 회담

얘들아, 우리는 더 멋지고 신나는 역사를 만들어 보자, 모두 모두 화이팅!

저자가 직접 강의하는 호락호락 한국사 3장
왼쪽의 QR코드를 찍어서 저자의 강의를 들어 보세요!
만약 QR코드가 안 될 경우에는 아래 링크로 들어오세요.
https://blog.naver.com/damnb0401/221270903420

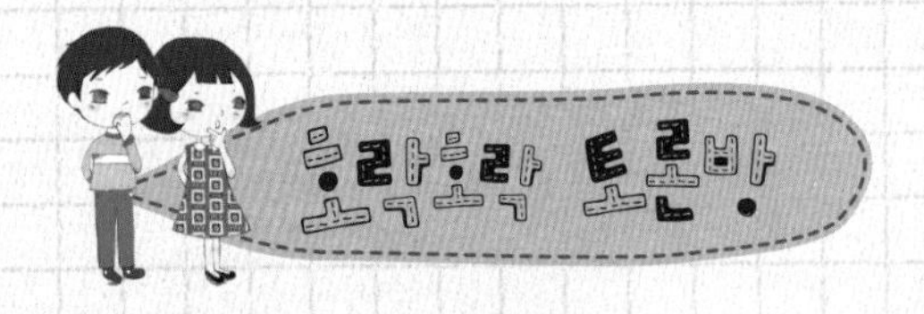

토론 주제 : 대한민국의 좋은 점과 나쁜 점은 무엇일까?

토론자 : 그렁군 과 딴지양 , 수인 , 독일의 한나 , 포르투칼의 라울 , 일본의 다카무라 , 중국의 장웨이 , 이집트의 무함마드 , 페루의 호세 , 그리스의 마리아

음~ 오늘의 주제는 '대한민국의 좋은 점과 나쁜 점은 무엇일까?'야. 토론이라기보다는 그냥 즐겁게 이야기를 나누는 거라고 생각하면 될 거 같아. 누구든 하고 싶은 이야기를 마음껏 해 보는 거지. 뭐 지금까지 그랬지만 말이야.

어느 거부터 말할까? 좋은 점, 나쁜 점?

좋은 점부터 말해 주라.

내가 한국에 와서 제일 먼저 놀란 건 두 가지였어. 하나는 교통이 아주 편리하다는 거야. 버스도 많고 지하철도 잘되어 있어 어디든 빠르게 갈 수 있더라. 그리고 또 하나는 문화재가 잘 보존되어 있다는 거였어. 경주에 가 보니 천년도 넘은 절과 부처님이 아주 수두룩하던걸?

그래, 경주는 정말 문화재로 가득한 아름다운 곳이야. 그런데 서울도 참 아름다웠어. 조선 시대의 한양 성곽과 5개의 궁궐은 단단하면서도 우아하더라. 남산 타워에서 바라본 서울 밤의 풍경은 화려한 불꽃놀이 같았어. 우리 아빠가 서울은 과거와 현재가 함께 있는 도시라던데 그 말이 꼭 맞더라.

그래서 서울이 세계 10대 도시에 든다는 거 아니냐! 근데 라울, 너 핸드폰 번역기 쓰는 거야?

어. 이거 정말 좋아. 덕분에 이야기하는 데 별 문제가 없어.

그거 어디 거야? 일본? 아님 한국?

made in Korea인데?

그렇구나~ 이참에 부러운 걸 하나 말해야겠는데 이 말을 하려면 좀 자존심이 상해.

뭔데? 일본은 우리보다 잘사는 나라고, 인구도 많고, 땅도 크고, 노벨상 수상자도 많고 기술도 뛰어나다던데 왜~?

그래! 그런데 IT 강국은 일본이 아니라 한국이거든. 인터넷이 가장 잘되는 나라고 국민의 80%가 핸드폰을 가지고 있다더라. 반도체 기술이나 조선술은 세계 최고라던걸? 봐, 라울이 가진 핸드폰도 made in Japan이 아니라 made in Korea라고 하잖아.

정말 한국은 인터넷이 어디서든 잘되어 있어서 검색만 하면 어렵지 않게 여행을 할 수 있어서 좋았어. 내가 어른이라면 혼자 여행할 수 있을 거 같아. 핸드폰 종류도 많고 기능도 좋아서 탐나는 게 많더라.

그래서 나는 세종대왕님이 너~무 고마워.

엥? 이건 또 무슨 소리?

우리가 식민지와 전쟁을 겪고도 이렇게 빨리 발전한 건 다 한글 덕분이야. 글을 깨우치기 쉬워서 우리나라는 문맹률이 1%도 안 된대. 그런 나라는 한국밖에 없을걸? 교육 수준이 높으니까 기술을 빨리 익히고 발전도 빨랐던 거 아닐까?

그럼! 맞는 말이야. 대한민국이 발전하는 데 가장 큰 힘이 됐던 건 바로 한글이지.

한국에서 놀라웠던 게 또 하나 있어. 그렇군이 맛있는 피자를 먹자더니 핸드폰을 꾹꾹 몇 번 누르더라? 그래서 나는 그냥 농담한 건가 실망하고 있었는데 얼마 뒤 따끈따끈한 피자가 척 배달되는 거야, 정말 신기했어!

크크, 그래서 우리가 배달의 민족 아니냐?

그래, 한국은 시켜 먹는 음식 문화가 정말 대박이야! 손가락 하나로 누르기만 하면 뭐든 배달돼.

음식도 맛있던데? 잡채, 불고기, 갈비찜 진짜 맛있어.

나는 비빔밥이 좋더라. 밥 위에 여러 가지 야채와 볶은 고기를 넣고 매콤한 고추장에 비벼 먹는 음식이 신기하면서도 맛있어, 정말 맛있어!

나는 고속버스를 타고 가다가 쉬는 휴게소도 너무 좋더라. 군것질로 먹는 음식이 그렇게 많은 줄 몰랐어. 쫀득쫀득하고 매콤한 떡볶이에 뜨끈한 어묵이 환상이야.

얘들아, 먹는 이야긴 그만! 침이 꼴딱꼴딱 넘어가서 안 되겠어. 한국의 또 다른 매력은 뭐니?

나는 아이돌 그룹. 방탄 소년단 정말 짱이야!

그래, 그래 나도 좋아. 잘생기고 멋있고 춤도 잘 추고 노래도 끝내줘.

정말 한국 사람들은 끼도 많고 흥도 많은가 봐. 공연장에서 가수가 "소리 질러" 하니까 사람들이 다들 일어나 뛰면서 함성을 지르는데, 와아~!

너는 구경만 했어?

아~니! 가만있는 게 더 이상해. 나도 막 소리 지르고 껑충껑충 뛰었지.

킥킥킥……. 한국 사람들의 정열은 세계가 알아준다던데? 우리 엄마가 젊었을 때 한국에서 월드컵이 열렸대. 근데 아이부터 어른까지 수백 명의 사람들이 붉은 티셔츠에 페이스 페인팅을 하고 광장에 모여 "오~~필승 코리아"를 불렀다더라. 광장에 모여든 사람들이 열정적으로 응원하는 모습을 본 세계인들이 깜짝 놀랐다던걸? 경기가 끝나면 자리까지 깨끗하게 치우는 모습에 반해서 우리 엄마는 한국에 꼭 와 보고 싶으셨대.

그래서 우리를 역동적인 사람들이라고 부르지. 아주 다이나믹하다는 뜻이야.

맞아, 수인이가 사진으로 들려준 현대사를 한마디로 이야기하면 역동적이라는 표현이 딱 맞는 말이야. 해방이 되자마자 전쟁을 겪고 또 분단까지 됐는데도 이렇게 훌륭한 나라가 됐잖아? 어려움을 맞을 때마다 떨치고 일어나는 모습이 아주 힘찼던 거 같아.

우리도 그렇게 생각해. 어떤 고난도 극복하는 힘이 우리에겐 있나 봐. 그 힘이 없었다면 우리는 이미 사라지지 않았을까?

그걸 저력이라고 하지? 그 저력으로 한국인은 세계 어디서든 잘 해 내고 있대. 조선족 친구가 우리 반에 전학을 왔는데 중국의 소수 민족 중에서도 조선족은 한족 다음으로 인정을 해 준다던데? 일본군에게 맞섰던 용기와 어떤 환경에서도 절망하지 않고 부지런히 일하는 모습 때문이래.

조선족 사는 만주, 옛날에 일본군이 지배하던 곳이야. 그때 조선족 일본군하고 아주 잘 싸웠다. 그래서 우리 중국, 조선족 존경해. 지금은 발전도 아주 빠른 곳이 됐어.

우리 페루에 온 한국 사람들도 친절하고 부지런해서 다들 좋아해. 나도 한국이 참 좋아. 특히 화장실이 최고야.

뭐, 화장실?

으응, 휴게소나 백화점, 지하철마다 있는 화장실이 정말 깨끗하고 훌륭하더라. 그리고 밤거리도 환하고 사람들도 활기차게 다니는 게 부러웠어.

색깔 고운 한복이 난 참 좋더라. 머리를 묶는 댕기와 장식품도 예쁘고 앞이 코처럼 톡 올라온 신발도 멋있어. 신고 걸을 수는 없었지만…….

마리아, 한복을 입어 봤어?

물론이야. 궁궐에 가니까 빌려주던걸? 얼른 입어 봤지. 한국 친구들하고 다 같이 입고 사진도 찍었는데? 근데 역시 한복은 한국 친구들이 더 잘 어울리더라. 한복만 아니라 다른 옷들도 아주 멋지게 입던데? 한국 사람들, 멋쟁이야.

그래, 다들 근사하긴 한데…….

한데?

좀 지나친 거 같았어. 내가 보기엔 너무 꾸미고 자랑하려는 것처럼 보이던데? 그래서 나는 한국 사람들은 저녁마다 파티를 하나 보다 생각했어.

나도 그런 생각이 들었어. 남이 자기를 어떻게 볼까 너무 신경을 쓰더라. 자연스럽지 않고 답답해 보였어. 근데 지나친 게 하나 더 있던데…….

에헤, 망설이지 말고 빨리 말해 봐.

헉, 방금 딴지양이 보여 주고 있잖아!

크크…… 빨리, 빨리? 그래, 한국 사람들은 무엇이든 지나치게 서두르는 거 같아. 그래서 인터넷도 빠르고 일처리도 빠르지만 여유가 없어 보여. 좋은 옷에 멋진 신발을 신고 있지만 웃는 얼굴이 아냐. 그게 이상하더라.

지나친 거 하나 더 말해 볼까? 그건 친절한 건 좋은데 좀 지나칠 때가 있다는 거야. 나 혼자서도 할 수 있는데 물어보지도 않고 나서서 도와주는 거 있잖아? 외국인이면 다 도와주어야 한다고 생각하는 게 어떤 때는 불편하거든.

그래? 나보고는 어느 나라에서 왔냐, 이름이 뭐냐 막 물어보다가 스윽 피해 가기도 하던데? 한국 사람들은 백인은 좋아하고 유색인들은 얕본다더니 정말 그런 거였구나.

아하, 그렇구나! 나한테도 그러던걸? 페루의 한국인들은 친절했는데 여기서는 가끔 차갑게 대해서 마음이 상했었거든. 한국은 차별이 심한 거 같아.

부자냐, 남자냐, 여자냐, 높은 사람이냐, 아니냐…… 뭐 이런 걸 엄청 따지거든.

다카무라, 너희 나라도 만만치 않다던데?

한국보다 심하진 않을걸?

얘들아, 그만, 그만! 나라에 따라 차별을 하는 건 정말 잘못된 거야. 마음 상하게 해서 미안해, 대신 사과할게. 우리가 외국인한테 관심이 좀 많아서 그래, 이해해 주라~.

외국인에게 관심을 가지는 건 좋아, 그런데 생긴 거 가지고 뭐라 하지 말았으면 좋겠어. 지나가던 사람이 눈이 에메랄드 같아서 좋겠다는 둥 코가 높아서 수술은 안 해도 되겠다는 이야길 아무렇지도 하는 게 아주 불쾌하거든.

뒤돌아서까지 쳐다보는 건 어떻고? 어떨 땐 손가락질도 하더라.

한국 사람들은 외모에 너무 예민한 거 같아. 나도 그런 경험 있어. 우리가 다르게 생긴 게 그렇게 이상한가?

우리가 외모를 중요하게 생각하는 건 나도 진~짜 싫어. 나보고 심심하게 생겼다고 놀려 댈 땐 부모를 원망하게 되거든.

심심하게 생긴 건 또 뭐야?

개성이 없다는 뜻이지.

…….

뭐야, 이 기분 나쁜 침묵은?

저어, 더 말해도 돼?

하늘을 붕붕 날다가 추락하는 기분이지만 다 들어 볼래. 하고 싶은 말이 있으면 다 말해 봐.

내 친구들은 저녁을 집에서 못 먹고 차 안에서 먹거나 패스트푸드점에서 급하게 먹고 11시가 넘도록 학원 차를 타고 이 학원 저 학원으로 돌아다니더라. 너무 불쌍했어.

그래, 나도 학원이 너무 많고 놀 시간이 없는 게 제일 싫어. 엄마가 경쟁에서 살아남으려면 열심히 공부해야 한다는 말을 할 때마다 내 친구들 얼굴이 떠올라. 첫 번째 경쟁 상대는 내 친구들이니까…….

교육 제도를 이야기할 땐 **핀란드**가 정말 부럽더라.

핀란드
북유럽에 있는 추운 나라인데 학생마다 가진 능력과 적성을 잘 이끌어 주는 교육으로 전 세계의 주목을 받고 있어.

그런데 어른들도 불쌍해. 우리나라가 세계에서 노동 시간이 긴 나라에 속한다며? 우리 아빠도 주중에 얼굴을 보는 건 힘들어. 가족이 다 함께 저녁을 먹었던 때가 그리워.

근데 한국인들이 일을 많이 하긴 하는데 생산성은 낮다던데?

일하는 시간만 길었지 능률은 별로라는 거지.

억지로 하는 척한다는 거네? 다 듣고 보니 참 답답하네…….

야, 너는 어떻게 그렇게 콕콕 찌르는 말만 하니? 너희 나라는 다섯 살 아이들한테도 돌을 캐게 한다면서?

어허, 그렇군! 초대 손님에게 이 무슨 실례?

그래, 그렇군! 우리나라는 후진국이야. 그래서 국민의 힘으로 후진국을 벗어난 나라에 관심이 아주 많아. 한국은 어려운 일을 많이 겪었는데도 세계 경제력이 11위나 된다며? 그래서 모델로 삼고 싶은 나라였는데…….

호세, 화내서 미안! 우리도 아직 선진국이 되지 못했어. 갑자기 발전하느라고 여러 가지 문제점들이 생겼지. 하지만 그 문제점들을 지금껏 그랬던 것처럼 잘 극복하고 행복한 나라를 만들어 갈 거야.

그렇게 되길 바랄게. 그래서 한국이 우리한테 좋은 모델이 되어 줘.

기분이 좋았다가 갑자기 가라앉았지만 다들 고마워. 쓴소리가 우리에겐 약이 될 거야.

외국인이 우리를 어떻게 생각하는지 알아보는 좋은 기회가 됐던 거 같아. 고마워!

말로만?

그럴 리가? 우리에겐 핸드폰과 손가락이 있잖아, 배달 민족의 힘을 보여~주마!

똑똑똑, 주문하신 후라이드 반, 양념 반에 잡채, 갈비찜, 식혜까지 대령이요~.

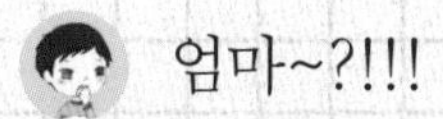

엄마~?!!!

와하~ 감사합니다!!!

외모 중시와 차별이 없는 나라로

『호락호락 한국사』에 초대됐던 여러 나라 아이들의 이야기를 들으면서 우리나라의 좋은 점과 나쁜 점을 새롭게 알게 되었다.

외모를 너무 중요하게 생각한다는 말에 공감은 했지만 뜨끔하기도 했다. 나도 메이커 있는 옷이 아니면 입으려 하지 않기 때문이다. 특히 신발은 메이커가 아니면 절대 안 된다. 아이들에게 기가 죽는 건 있을 수 없으니까! 그런데 우리보다 잘사는 나라에서 온 친구들 옷이 그냥 그랬다. 못사는 나라 친구 옷과 다를 것도 없었고 신발은 낡은 걸 신고 있어서 좀 놀랐다. 아차, 잘살고 못사는 나라라고 하는 것도 차별이지! 정말 나한테도 그런 걸 비교하며 은근 깔보는 마음이 있는 줄 몰랐다.

솔직히 말하면 한나나 라울의 얼굴을 보면 왠지 기가 죽는데 무함마드나 호세한테는 내가 한 수 위라는 생각을 한 건 사실이다. 나는 차별받는 걸 엄청 싫어하면서 남한테는 그런 유치한 차별을 하다니……. 그렇군, 너 진짜 창피한 줄 알아라!

외모를 중시하고 차별하는 이 유치함, 에잇~ 파바박~.

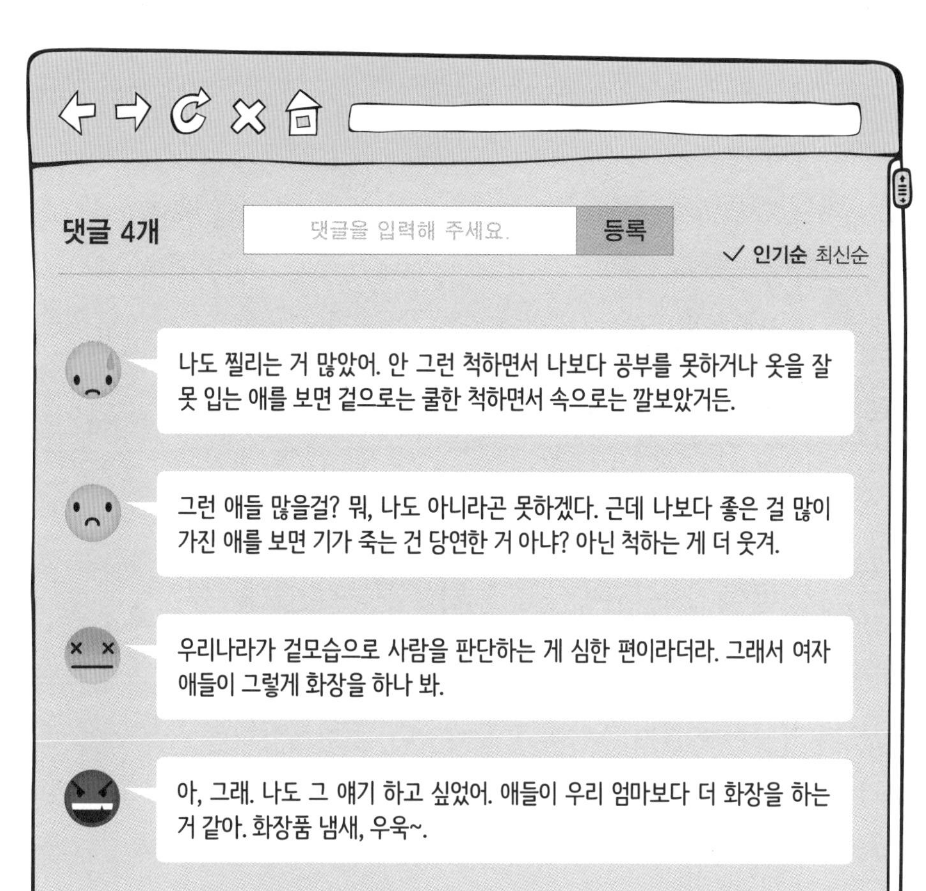

댓글 4개
댓글을 입력해 주세요.
등록
✓ 인기순 최신순
나도 찔리는 거 많았어. 안 그런 척하면서 나보다 공부를 못하거나 옷을 잘 못 입는 애를 보면 겉으로는 쿨한 척하면서 속으로는 깔보았거든.
그런 애들 많을걸? 뭐, 나도 아니라곤 못하겠다. 근데 나보다 좋은 걸 많이 가진 애를 보면 기가 죽는 건 당연한 거 아냐? 아닌 척하는 게 더 웃겨.
우리나라가 겉모습으로 사람을 판단하는 게 심한 편이라더라. 그래서 여자애들이 그렇게 화장을 하나 봐.
아, 그래. 나도 그 얘기 하고 싶었어. 애들이 우리 엄마보다 더 화장을 하는 거 같아. 화장품 냄새, 우욱~.

나쁜 점은 고치는 대한민국

우리의 좋은 점을 들을 땐 '당연하지!' 그랬는데 나쁜 점을 들춰 낼 땐 마음을 벌이 콕콕 쏘는 거 같았다. 한나가 사람들이 아무렇지도 않게 외모에 대해 말하는 게 불쾌했다는 말을 듣고 나도 뜨끔했다. 우리는 외모에 정말 관심이 많아서 친구나 연예인의 외모에 대해 수다를 많이 떨기 때문이다. 나는 한나가 완벽한 얼굴을 가졌네, 뭐네 했던 게 떠올라 고개를 푹 숙였다.

그리고 우리가 학원을 많이 다니는 것과 어른들의 일하는 시간이 긴데도 능률은 떨어진다는 말에 울컥했다. 바로 내 이야기이기 때문이다. 어렸을 땐 저녁이면 가족들이 밥을 먹으면서 이야기를 나누고 놀기도 했는데 학년이 올라가고 아빠가 승진이란 걸 하시면서 우리 가족은 저녁을 다 따로 먹게 되었다. 이건 정말 슬픈 일이다.

다른 나라 아이에게도 불쌍하게 보이는 우리나라의 교육 제도를 빨리 고쳤으면 좋겠다. 빨리? 아~ 이것도 우리의 나쁜 점이랬지? 교육 제도를 잘 고치고 일하는 시간도 줄여 가족이 함께 저녁을 먹으며 도란도란 이야기를 나누는 대한민국이 되었으면 좋겠다.

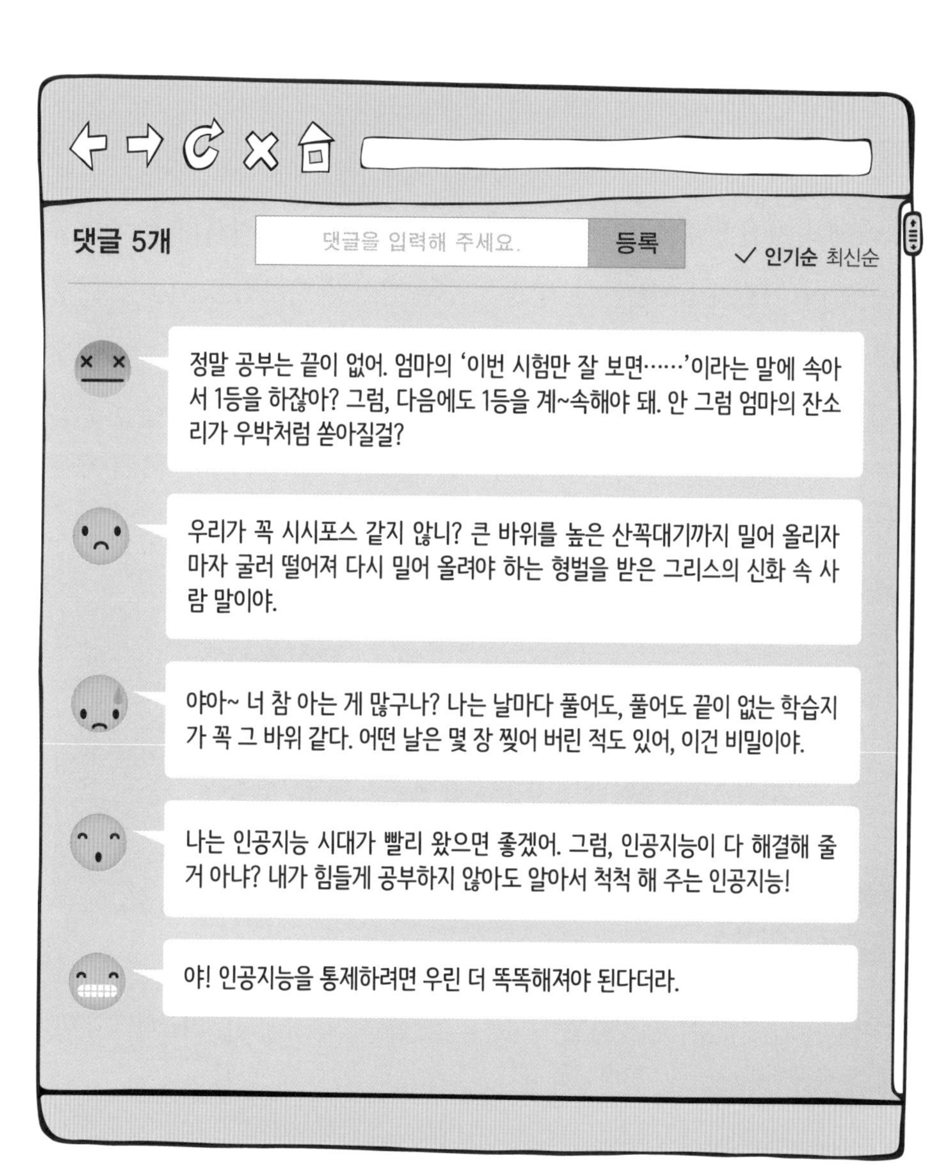
댓글 5개
댓글을 입력해 주세요.
등록
✓ 인기순 최신순
정말 공부는 끝이 없어. 엄마의 '이번 시험만 잘 보면……'이라는 말에 속아서 1등을 하잖아? 그럼, 다음에도 1등을 계~속해야 돼. 안 그럼 엄마의 잔소리가 우박처럼 쏟아질걸?
우리가 꼭 시시포스 같지 않니? 큰 바위를 높은 산꼭대기까지 밀어 올리자마자 굴러 떨어져 다시 밀어 올려야 하는 형벌을 받은 그리스의 신화 속 사람 말이야.
야아~ 너 참 아는 게 많구나? 나는 날마다 풀어도, 풀어도 끝이 없는 학습지가 꼭 그 바위 같다. 어떤 날은 몇 장 찢어 버린 적도 있어, 이건 비밀이야.
나는 인공지능 시대가 빨리 왔으면 좋겠어. 그럼, 인공지능이 다 해결해 줄 거 아냐? 내가 힘들게 공부하지 않아도 알아서 척척 해 주는 인공지능!
야! 인공지능을 통제하려면 우린 더 똑똑해져야 된다더라.

대통령으로 살펴본 대한민국 역사야

일제 강점기와 6.25 전쟁까지 겪은 우리나라는 세계에서 가장 가난한 나라였어. 그런데 60여 년이 지난 지금은 정치적 민주화를 이루었고 경제도 1인당 국민소득 2만 달러를 넘어 남의 나라를 도와줄 수 있게 되었지. 아직도 통일은 되지 않았고, 빈부 차이도 심한 데다 교육이나 환경 문제 등 많은 문제를 안고 있어. 하지만 현명한 국민들은 이 문제를 해결하고 꼭 다 함께 잘사는 복지 국가를 만들거야!

이승만(1대~3대)

- **1948** 대한민국 정부 수립
- **1950** 6.25 전쟁
- **1952, 1954** 장기 집권을 위한 개헌
- **1960** 4.19 혁명으로 실각

윤보선(4대)

- **1960** 내각 책임제 실시
  언론의 자유와 경제 개발을 위해 노력
- **1961** 5.16 군사 정변으로 실각

박정희(5대~9대)

- **1961** 군사 정변
- **1962** 경제 개발 5개년 계획 추진
- **1965** 한일협정 체결
- **1970** 경부 고속도로 개통
  새마을 운동
- **1972** 유신 헌법 선포
- **1979** 부하 김재규의 저격으로 사망

최규하(10대)

임시 과도 정부 꾸림

전두환(11, 12대

- **1979** 12.12 사태
- **1980** 광주 5.18 민주화 운동
- **1980** 8월 27일 대통령 당선
- **1987** 6월 민주 항쟁

노태우(13대)

- 1987 직접 선거로 대통령 당선
- 1988 서울 올림픽 개최
- 1989 북방 외교 추진
- 1991 남북 동시 유엔 가입
- 1991 남북 체육 단일팀 구성

김영삼(14대)

- 문민정부 시대
- 1993 금융 실명제 – 부정부패 척결
- 1996 지방 자치제 전면 실시
- 1996 OECD 가입
- 1997 외환 위기

김대중(15대)

- 4년 만에 외환 위기 극복
- 북한에 햇볕 정책
- 1998 금강산 관광 시작, 개성 공단
- IT 벤처 기업 육성
- 2000 1차 남북 정상 회담
- 2000 노벨평화상 수상
- 2002 월드컵 축구대회 개최
  국가인권위원회 설치

노무현(16대)

- 참여 정부 – 복지 정책
- 북한과 햇볕 정책 유지, 긴장 완화 노력
- 법치주의 확립을 위해 노력
- 지방 분권 정책
- 호주제 폐지
- 2007 2차 남북 정상 회담

이명박(17대)

- 한미 쇠고기 협상 – 촛불 집회
- 4대강 사업, 자원 외교
- 빈부 격차 심각 – 비정규직 확대
- 2010 G20 서울정상회담 개최
- 2012 핵안보정상회의 개최

박근혜(18대)

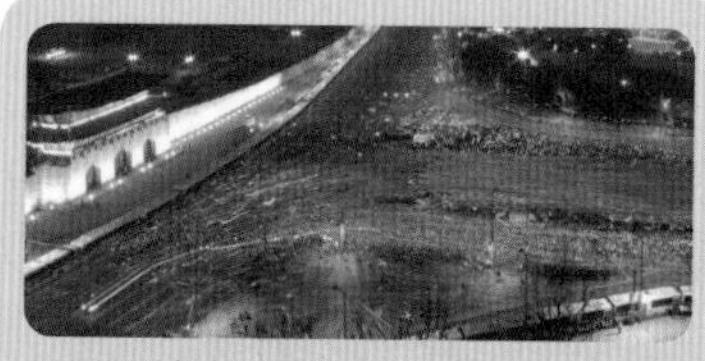

- 2013 여성 대통령 탄생
- 2014 세월호 침몰
- 2015 불통 정권
  최순실 국정 농단으로 촛불 혁명을
  불러일으키며 탄핵당함

문재인(19대)

- 2016 촛불 혁명으로 탄생
- 2018 한반도 평화 시대를 열기 위해
  북한 지도자 김정은과 협상 중

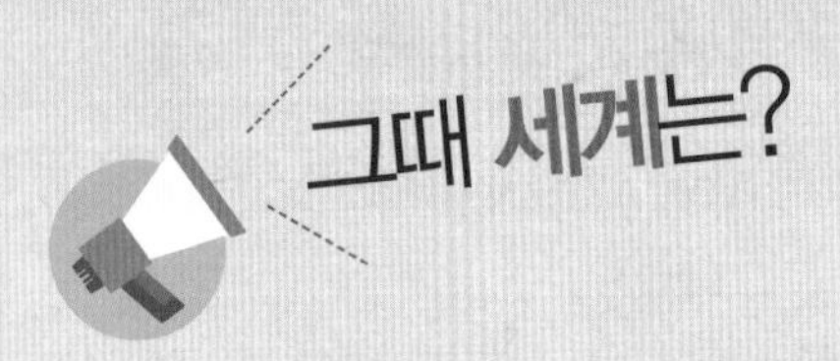

그때 세계는?

현대는 두 얼굴을 가지고 있어

자본주의와 공산주의로 나뉘어 싸우던 냉전 시대는 70여 년 만에 소련이 자본주의 시장 경제를 받아들이며 다시 러시아가 되면서 끝이 났지. 시장 경제의 발달과 컴퓨터, 인터넷 같은 획기적인 기술의 진보로 인류는 행복해질 줄 알았어. 그런데 잘사는 나라와 못사는 나라,

경제는 풍요롭고, 곳곳에 자유 민주주의가 뿌리내렸어

잘사는 사람과 못사는 사람의 불평등과 차별은 더욱 심해졌지. 게다가 자원은 고갈되고 생태계는 파괴되어 인류 생존이 위협받고 있을 뿐만 아니라 세계는 여전히 영토와 자원, 종교나 민족 문제로 갈등하며 싸우고 있단다.

세계는 아직도 싸우고 있어

세계는 더 많은 자원과 영토를 갖기 위해, 민족과 종교 간의 갈등으로 계속 싸우고 있어. 여러 원인이 섞여 잔혹한 싸움으로 난민도 많아지고 굶주림도 심각하지. 한쪽은 자유와 풍요를 누리고 다른 쪽은 분쟁 속에 고통 당하고 있다니…….

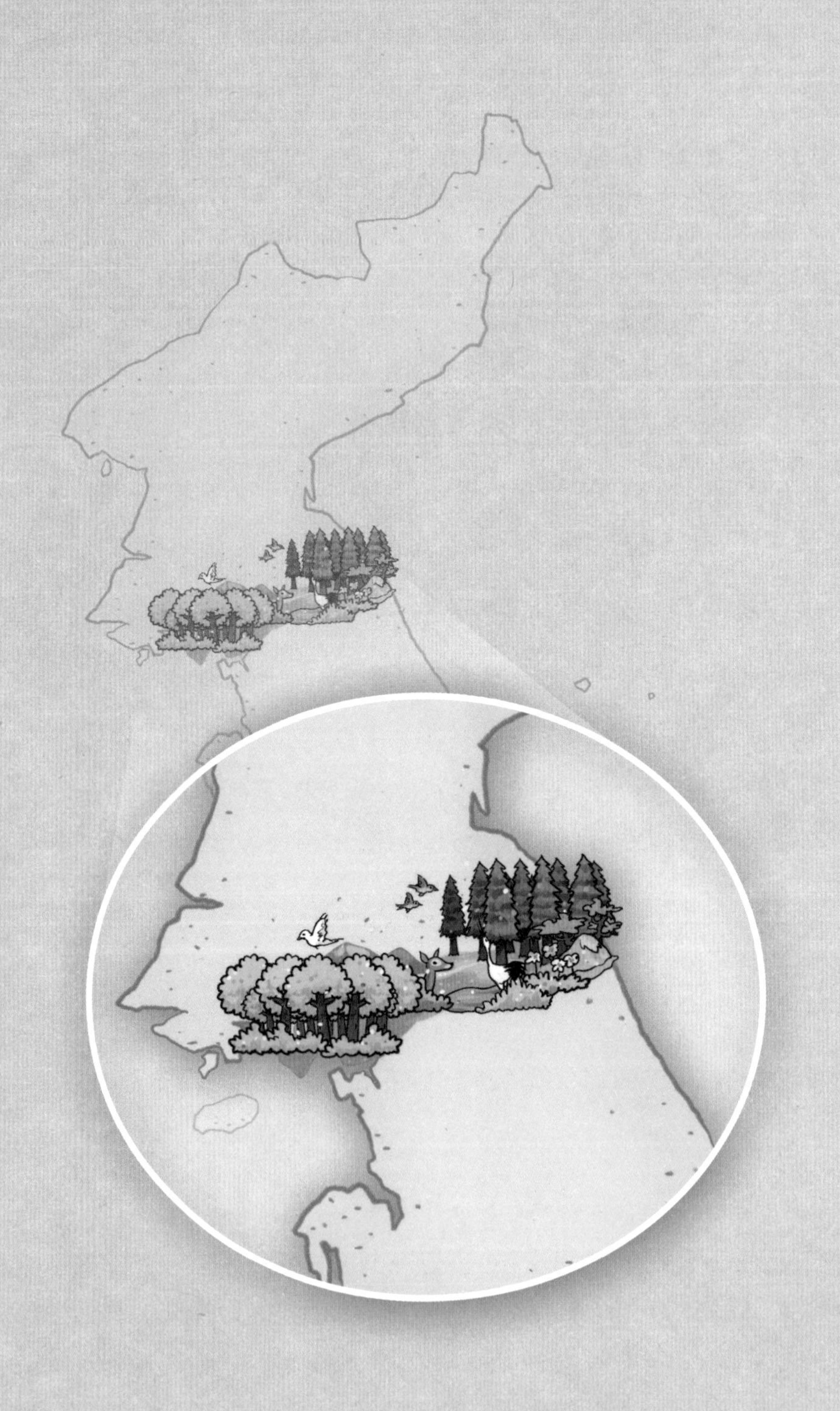

4장

다 함께 행복한 미래로 출발!

오우, 『호락호락 한국사』를 읽는 친구들~
또 만났네, 또 만났어!
맨 처음 이야기꾼으로 나왔던 지구야.
내가 또 이야기꾼으로 나선 건
그렇군과 딴지양도 보고 싶고~
우리가 바라는 미래 이야기는
내가 꼭 하고 싶어서야.
나, 지구가 하고픈 말이 무엇일지 궁금한 사람은
요기, 요기 붙어라!

지구가 부탁하는 이야기

『호락호락 한국사』를 읽는 친구들, 안녕! 나는 첫 번째 이야기꾼, 지구야. 여러 이야기꾼이 들려주는 한국의 역사에 귀 기울이다 보니 나도 모르게 한국에 특별한 정이 생겼어. 나도 기쁜 일에는 박수를 치고 슬픈 일에는 눈물을 흘렸다는 걸 알아줘.

그런데 세상에는 별의별 이야기들이 많지만 부모형제가 같은 땅에 살면서 60년이 다 되도록 만나지 못한다는 딱한 사연을 가진 곳은 딱 한군데밖에 없더라. 어느 날 갑자기 나라 한가운데 3.8선이 그어져 둘로 나뉜 뒤 도무지 하나가 될 줄 모르는 곳도 딱 한군데 한반도뿐이던걸!

어때, 지도로 보니 정말 흉측하지? 게다가 아직도 엄청 다투고 있다며? 에구~ 그래서 이 땅의 길고 긴 역사 이야기를 들으며 하고 싶은 이야기가 생겼어. 내 이야기가 무엇인지 궁금한 친구는 요기, 요기 붙어라!

꿋꿋한 역사를 가진 나라

인간이 만든 역사는 수많은 나라들이 문명을 일으켜 영광을 누리다 사라지고 또 새로운 나라들이 생겨나고 사라지기를 반복했어. 그런데 아시아 대륙 동쪽 끝에서 일어난 너희는 주변 나라들과 겨루기도 하고 섞이기도 하면서 5000여 년의 역사를 이끌어 가더구나. 이건 아주 놀라운 일이야. 왜냐하면 주변의 강하고 힘센 무리들이 대제국을 건설하며 늘 위협을 했으니까.

세상의 중심이라 자랑하던 중국, 뛰어난 기동력과 전투력으로 주변을 두려움에 몰아넣던 기마 민족 사이에서도 꿋꿋하게 나라를 지켜냈지. 참혹한 전쟁을 수도 없이 겪었고 근대에는 일본에게 잠시 짓밟혔지만 끈질긴 힘으로 무수한 고난을 견디고 이겨내더라. 고난이 오히려 이 땅의 사람들에게는 새로운 힘이 되는 거 같았어. 그래서 대한민국은 세상에 단 하나 남은 분단국가라는 부끄러운 역사도 평화를 찾은 자랑스러운 역사로 되돌릴 거라고 생각해. 그렇지, 얘들아?

뛰어난 문화를 지닌 나라

이거 봐, 이거 봐, 동방의 작은 나라가 문화 수준은 세계적이라니까! 선사 시대부터 근대까지 골고루 세계적인 문화재가 즐비하잖아? 먼 옛날부터 지금까지 역사가 쭉 이어지며 수준 높은 문화를 만들었다는 증거들이지. 유네스코가 지정한 세계유산은 이것만이 아니야. 『훈민정음』, 『조선왕조실록』 같은 기록물과 판소리, 택견, 민요 같은 무형 문화재까지 서른 가지가 넘더라고!

나는 세상 곳곳에서 돌을 다듬어 눈이 휘둥그레질 만큼 훌륭한 문화재를 만드는 것은 많이 보았어. 하지만 단단하고 거친 화강암으로 정교한 탑을 만들고 살아 있는 듯한 부처님을 만드는 것은 처음 보았지. 오밀조밀한 탑은 손으로 빚은 거 같고 보살의 옷은 바람에 날릴 것 같더구나. 그리고 수많은 사람들이 오랫동안 정성을 들여 8만 장이 넘는 목판을 새기는 모습은 지금도 잊을 수가 없어. 한 자 한 자 새길 때마다 정성스럽게 절을 하는 모습은 감동적이더라.

유네스코 문화유산

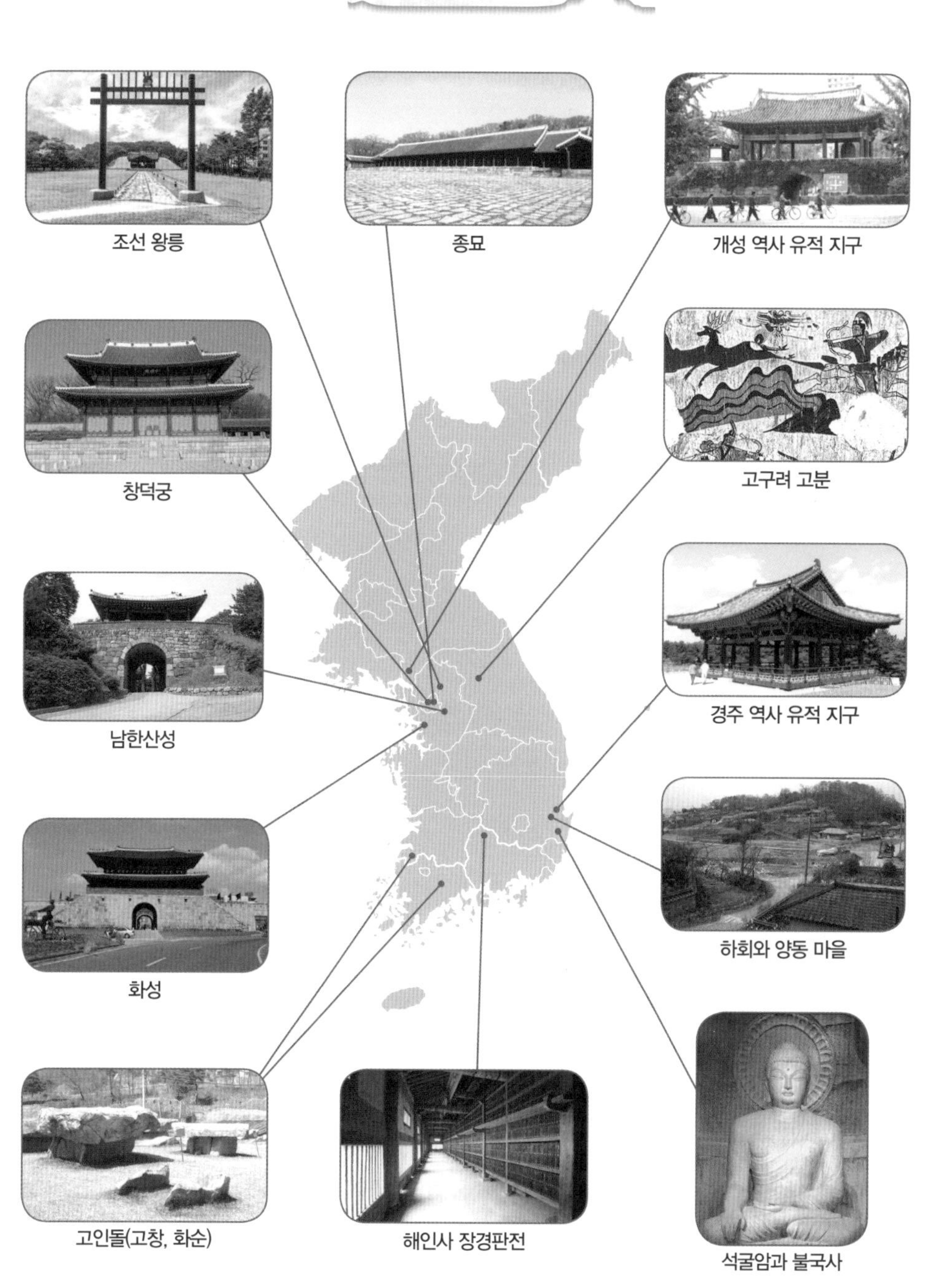
조선 왕릉
종묘
개성 역사 유적 지구
창덕궁
고구려 고분
남한산성
경주 역사 유적 지구
하회와 양동 마을
화성
고인돌(고창, 화순)
해인사 장경판전
석굴암과 불국사

최고의 문자인 한글은 나를 아주 홀딱 반하게 만들었지. 너~무 쉬워서 한글이 글자가 없는 나라의 글자가 된다면 좋겠다는 생각을 했어. 그러면 이 세상에 글자를 몰라 답답해하거나 억울한 일을 당하는 사람이 없을 텐데…….

이 땅의 사람들은 동틀 때부터 해가 떨어질 때까지 열심히 일하면서도 노래를 부르고 춤을 추더구나. 그리고 수많은 이야기를 만들어 울고 웃으며 세상살이의 고단함을 풀어냈지. 그 이야기를 판소리로 만들어 왁자지껄 함께 즐기는 모습도 보기 좋던걸? 그렇군, 딴지양! 너희들의 조상은 이렇게 머리와 손재주가 좋고 노래와 춤을 즐기는 유쾌한 사람들이야. 그래서 나는 이 땅의 사람들이 좋아!

더 아름다운 나라로

작지만 오랜 역사와 위대한 문화를 지닌 대한민국은 전쟁과 분단을 겪으면서도 끊임없이 성장했어. 서양의 여러 나라들이 200년에서 300년이 걸려 이룩한 근대화를 60여 년 만에 이루어 놓았으니까, 참 대단하지! 그런데 너무나 빠르게 성장하느라 무시하거나 놓치고 온 것도 많더라. 그중에서도 산업을 먼저 발전시키느라 인간의 권리가 무시당하는 것은 참 안타까웠어. 23세의 젊은 노동자 전태일이 우리는 기계가 아니라며 분신하는 모습은 눈물겨웠지.

나, 지구는 대한민국이 한강의 기적을 이룬 것은 산업화를 앞에서 이끈 사람들과 곳곳에서 개미처럼 열심히 일한 사람들 덕분이라고 생각해. 가난을 벗어나겠다고 부지런히 일하는 사람들의 모습은 정말 아름다웠어. 제2차 세계대전이 끝난 다음 새로 태어난 나라들 중에서 대한민국만큼 잘살게 된 나라는 없을걸!

일하는 사람에게 정당한 대우를 하는 나라

그런데 아직도 땀 흘려 일하는 사람들의 문제는 해결된 거 같지 않더라고.

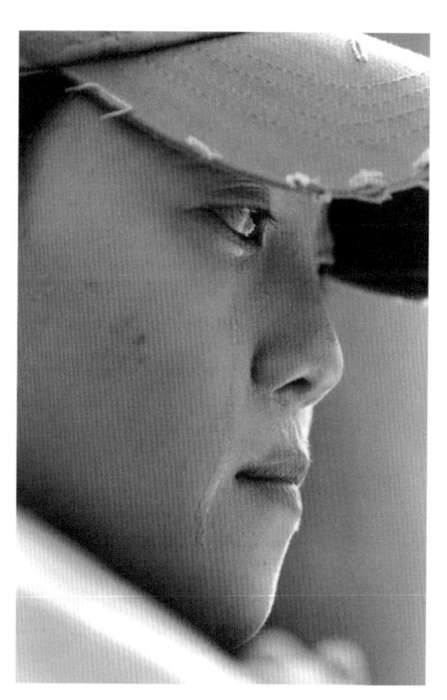

시위 중인 고속철도 여승무원

눈물을 흘리는 이 아가씨는 꿈의 철도라는 KTX 여승무원이야. 2년을 성실하게 일했는 데도 철도공사가 정규직으로 채용한다는 약속을 지키지 않았다더라. 그래서 많은 여승무원들이 시위를 벌였지. 내가 보기에도 같은 일터에서 일하는 사람들을 정규직과 비정규직으로 갈라 차별을 두는 건 부당하단 생각이 들어. 그래서 시위가 성공할 줄 알았는데 웬걸. 법정 다툼까지 갔다가 패하고 말았어. 9년이나 버티며 다시 일하길 바랐다던데 참 안타깝더라.

외환 위기를 겪으면서 대기업들이 살아남은 것은 수많은 국민들이 애를 썼기 때문이라는 걸 잊은 모양이야. 시위를 벌인 아가씨의 부모님들도 금 모으기 행사에 아이들이 돌 때 받은 금반지를 내며 힘을 보탰을 텐데 말이야!

송전탑 위에서 시위하는 노동자들

비정규직 직원들은 차별을 거둬 달라며 삭발을 하고 굶기도 했어. 높은 송전탑에 올라가 목숨을 걸고 시위를 하기도 했지. 한겨울 칼바람이 부는 곳에서 몇 달을 견디는 사람들을 보면 마음이 너무 아파. 언제 해고될지 몰라 눈치를 보고 차별을 당하며 일하는 사회가 계속된다면 사람들의 눈물이 마르지 않을 거 같아 정말 걱정이야.

땀 흘려 일하는 모든 사람들은 일한 만큼 정당한 대우를 받았으면 좋겠어. 즐겁게 일하며 당당하게 받은 돈으로 가족들과 행복하게 사는 사회를 만들려고 모두들 노력한 거니까! 안 그래?

모두에게 희망을 주는 나라

나는 대한민국이 잘살게 되면 모든 문제가 사라지는 줄 알았어. 그런데 잘사는 사람과 못사는 사람의 차이가 너무 벌어지고 가난이 대물림되면서 사람들이 행복해 보이지 않더라.

노력하면 잘살 수 있다는 희망이 사라진 곳엔 절망만이 남던데……. 대한민국에서는 그런 일이 절대 일어나지 않았으면 좋겠다.

그래서 나, 지구는 이런 생각을 하게 됐어. 능력이 넘치거나 운이 좋아 많은 걸 누리는 사람은 그렇지 못한 사람과 함께 나누면 어떨까 하는……. 교육도 누구나 원하는 만큼 받을 수 있고 가진 능력도 마음껏 펼칠 수 있는 나라, 약자도 행복할 수 있는 나라가 되었으면 좋겠어. 도움을 받은 사람은 또 다른 사람을 도우며 서로가 희망이 되는 대한민국이 된다면 진짜 아름다운 나라가 될 거야!

평화의 상징이 되는 나라

나도 촛불 집회를 봤는데 수인이처럼 깜짝 놀랐어. 세상의 많은 곳에서 일어나는 시위를 봤지만 촛불 집회만큼 어마어마한 시위는 드물거든. 그런데 많은 사람들이 모였는데도 큰 사고도 없이 질서를 잘 지켜서 더 놀랐지.

시위가 끝난 자리는 또 얼마나 깨끗하던지 정말 그 많은 사람들이 모였던 걸까 믿어지지 않았어. 나는 지구 역사상 평화로운 시위로 헌법을 지켜내는 시민의 모습도 처음 보았어!!! 그래서 촛불을 든 1700

에버트 인권상
1925년 독일에서 설립된 재단이 세계 각지의 인권을 위해 일한 개인이나 단체에게 상을 주는데 우리의 촛불 집회가 그 상을 받았어. 추운 겨울 날씨에도 계속된 시민들의 민주주의에 대한 의지가 드높아 선정됐다더라.

만 시민들은 에버트 인권상을 받았던 거야.

그런데 같은 장소에서 국민이 뽑은 대통령을 탄핵할 수 없다는 태극기의 물결도 보았지. 두 집단은 같은 나라 사람이 맞나 싶을 정도로 다른 의견을 내세웠어. 큰 충돌은 없었지만 나는 왜 이런 일이 벌어졌을까 되짚어 봤단다.

이 땅의 사람들은 일제의 탄압을 받으며 나라를 되찾으려는 사람과 친일하는 사람으로 나뉘었어. 그리고 해방을 맞아서도 공산주의와 자본주의로 나뉘어 두 개의 정부가 세워졌지. 이 일로 6.25 전쟁을 겪으며 같은 민족은 아예 원수가 되던걸? 갑자기 너무 많은 혼란과 고통을 한꺼번에 겪었지. 그런데 이런 끔찍한 일을 겪고도 제대로 상처를 보듬지 못하더구나. 가난을 벗어나겠다는 생각만으로 그저 산업화로만 달려가느라 바빠 보였어. 으흠~ 잘못을 한 사람은 뉘우치며 용서를 빌고, 슬픔을 당한 사람은 위로받아야 하는데 그럴 기회를 놓쳐 버렸지.

바로, 그게 문제였어! 제대로 된 역사의 반성이 없었기 때문에 역사를 바로 세우지도 못하고 서로 마음을 모아 다시 하나가 되지도 못했던 거야. 이제라도 상처를 토닥이는 시간을 가져야 하지 않을까? 그래야 사람들이 마음을 열고 힘을 합쳐 통일을 이룰 수 있는 거란다.

애들아, 한반도 통일은 한반도의 기쁨만으로 끝나지 않고 세계 평화를 상징하는 아주 위대한 일이 될 거야. 세상에 하나밖에 남지 않은 분단국가가 평화롭게 통일을 이룬다면 세계 역사에 길이 남을 일이 될 테니까. 이 일을 그렇군이나 딴지양 같은 친구들이 해 줄 거라고 나는 믿는다!

더 나아가~ 이번엔 나, 지구의 문제를 이야기해 볼게.

반드시 해야 할 숙제

다 함께 자유, 평등, 평화 누리기

나는 인간이 문명을 발전시키는 모습을 다~ 지켜보았어. 손으로 기발한 도구를 만들어내고 서로 힘을 합쳐 문화를 발전시킬 때마다 깜짝깜짝 놀랐지. 한참을 주먹도끼를 들고 먹거리를 찾아 헤매고 비둘기를 길들여 소식을 주고받더니 어느새 핸드폰 하나로 못하는 게 없더구나.

모든 생명체 중에서 인간의 발전은 정말 눈부셨어! 하지만 인간이 만들어내는 문명이 늘 좋은 것만은 아니었지. 청동기 시대부터 큰 전쟁이 벌어지면서 인간 사이에 계급이 생긴 건 정말 못마땅했어. 인간이 인간을 차별하고 억압하며 지나친 욕심으로 전쟁을 벌이는 건 추악하고 너무나 보기 흉했거든.

그런데 드디어 1789년 프랑스에서 모든 인간은 평등하며 자유롭게 살아야 한다고 외치더구나. 짝짝짝, 평등과 자유는 모든 인간이 타고난 권리라는 말은 정말 옳은 말이야!

이 당연한 생각은 빠르게 퍼져 나갔지. 하지만 아직도 세상 곳곳엔 차별과 억압이 남아 있어 슬플 때가 많아. 그래도 나는 언젠가는 온 세상이 자유와 평등을 누리게 될 거라고 생각한단다. 인간은 가끔씩 잘못된 길로 가는 거 같아도 다시 올바른 길을 찾아가는 지혜를 갖고 있으니까. 모든 인간이 인종, 신분, 나이에 얽매이지 않고 평등과 자유를 마음껏 누리게 되면 푸른 별 지구에도 진짜 평화가 찾아오겠지!

상처 입은 지구 구하기

그런데 말이야, 나, 지구의 아픔은 이즈음부터 시작된 거 같아. 무슨 소리냐고? 인권을 주장하던 때에 세상의 사는 모습이 확 바뀌는 산업 혁명도 함께 일어났거든. 사냥하다 농사를 짓게 된 걸 신석기 혁명이라 한다면 농업 사회에서 산업 사회로 바뀌는 건 산업 혁명이라 하잖니? 이 산업 혁명이 지구 환경을 빠르게 훼손시키더라니까! 인간이 농사를 짓던 때는 그렇게 심하진 않았는데 공장에서 물건을 만들어내는 산업 사회가 되면서는 아주 빠르게 환경을 오염시키고 파괴하더라고.

나무나 베어 쓰던 인간은 공장의 기계를 돌린다며 석탄을 캐고, 석유와 가스를 뽑아 올려 이산화탄소를 팍팍 뿜어 댔지. 게다가 서로 더 많이 가지겠다고 다툼이 끊이질 않았어. 공장에서 만들어낸 온갖 신기한 물건들로 살기는 편해진 거 같았는데……. 세계대전이 두 번이나 벌어져 세상이 멸망하는 게 아닌가 할 정도로 무섭게 싸우더구나. 히로시마와 나가사키에 떨어진 원자 폭탄이라는 무기는 얼마나 뜨겁고 강력하던지 주변의 모든 것들을 흔적도 없이 태워 버렸어, 사람들도! 하아~ 어찌나 놀랐던지 저 무서운 무기를 계속 사용한다면 나, 지구가 사라지는 것도 시간문제란 생각이 들었지. 정말 무서운 인간들이야! 내가 인간을 경계하기 시작한 건 그때부터였단다.

인간이 날마다 만들어내는 편리한 물건들은 '켁켁……' 나를 숨 막히게 했어. 검은 황금이라는 석유를 펑펑 써 대며 인간의 생활은 갈수록 풍족해졌지만 나는 죽을 맛이 됐지. 공장과 자동차와 빌딩에서 내뿜는 가스로 내 몸은 계속 뜨거워지고 있거든. 공기는 탁해지고 기후는 갈수록 더워지고 있잖아? 지구상에 사는 인간 외의 다른 생명체는 인간 때문에 살 수가 없다고 아우성을 치는데도 인간은 못 들은 척 끄떡도 하지 않고 있어.

북극에선 얼음이 녹아 이동할 수 없는 곰들이 서로 잡아먹는 일이 벌어지지. 북극곰들은 수영 선수이긴 하지만 얼음이 너무 많이 녹아 이동거리가 멀어지면 헤엄치다 죽을 수밖에 없어. 그래서 동족을 잡아먹는 비극이 벌어지는 거야. 어미 뒤를 졸졸 따라다니는 저 새끼 곰을 아예 볼 수 없을지도 모른다고 생각하면 너무 슬퍼져.

북극곰 어미와 새끼

저 고래 뱃속에 비닐,
플라스틱, 깡통이
29킬로그램이나
들어 있었대......

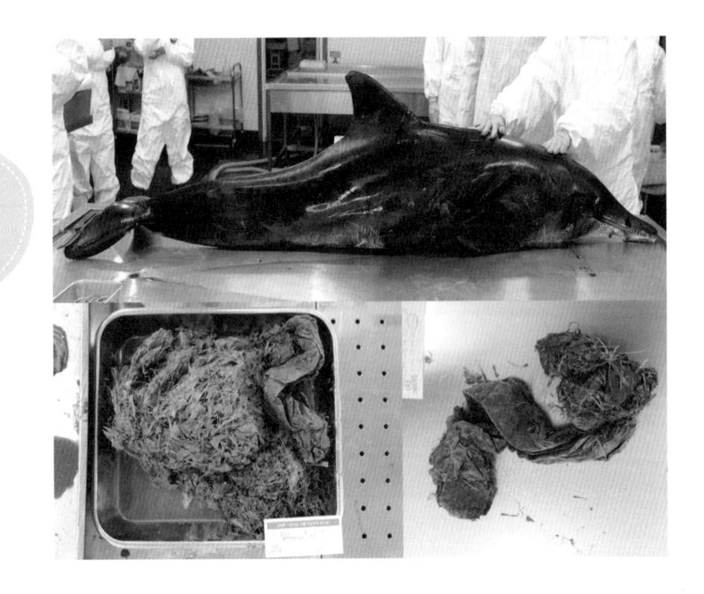

내가 좋아하는 가장 평화로운 동물인 고래는 인간이 버린 쓰레기를 삼키다 죽어 가고 있지.

이렇게 날마다 100여 종의 동식물들이 사라지고 있단다, 인간 때문에! 흥, 인간은 저희들이 세상의 주인인 것처럼 굴지만 나는 인간에게 다른 생명체들과 함께 살아 갈 터전을 내줬을 뿐이야. 원래 주인은 나, 지구란 말이지! 나와 다른 생명체를 이렇게 못살게 굴면 나는 인간 없는 세상을 택하게 될지도 몰라. 인간들 때문에 점점 더 고통스러워지고 있으니까 이 결정은 빨라질 수도 있어.

인간은 가장 늦게 태어났지만 일어서 걸으면서 생긴 손과 생각하고 협력할 수 있는 두뇌를 가진 덕분에 지구에서 가장 뛰어난 존재가 되었지. 그러나 인간만 생각하는 이기심 때문에 자신들도 피해를 보고 있어. 지구 온난화와 기후 변화는 인간의 생존까지 위협하고 있다는 걸 보여 줄까?

이거 봐! 북극과 남극의 얼음이 녹으면 동물들만 사라지는 건 아니야. 태평양에 있는 투발루라는 섬은 이번 세기 안으로 사라질 거라던데? 이곳의 사람들은 이제 어디로 가서 살아야 하지? 주변 나라들은 받아주길 꺼린다던데……. 이게 모든 인간의 문제가 될 수도 있단다.

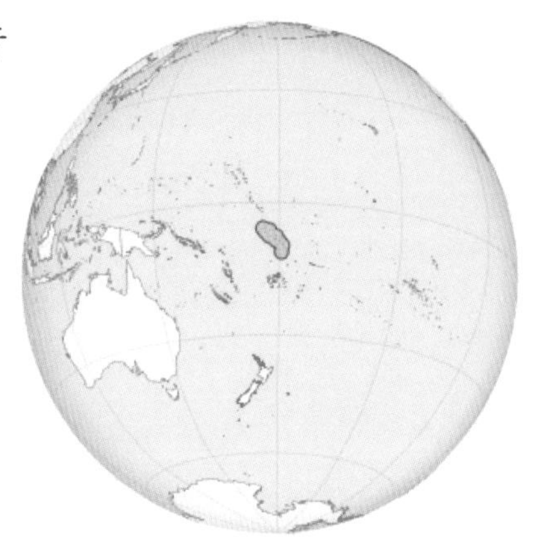
해수면 상승으로 가라앉는 투발루

기후 변화로 고통받는 아프리카인도 있지. 가뭄으로 식량이 모자라고 물도 부족한데 전쟁마저 일어나 굶어 죽는 사람들이 5초에 8명이나 된다니 정말 마음이 아프다. 사실 잘사는 나라들의 산업화로 기후 환경이 망가진 건데 그 고통은 엉뚱하게도 산업화도 제대로 안 된 가난한 나라들이 희생을 치르고 있구나.

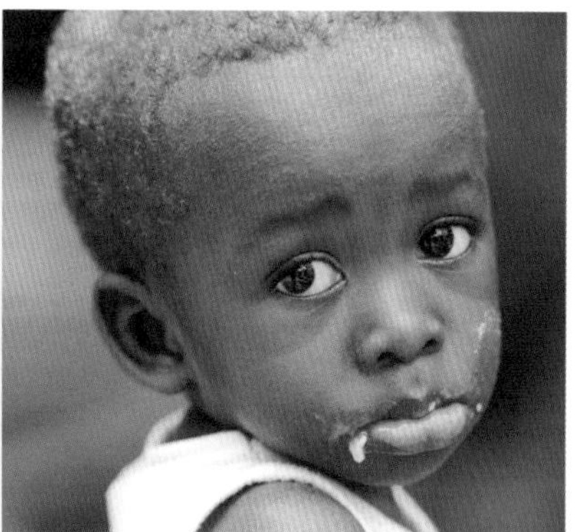

온실가스
지구의 온도를 점점 높이는 가스로 이산화탄소가 대표적이야.

소련의 체르노빌
원자력 발전소에서 불이 나면서 방사능이 유출되어 죽음의 땅이 되었어. 30여 년이 지났어도 안전 장비를 해야 출입할 수 있지.

하지만 산업이 발전한 나라들도 예외는 아니야. 특히 **온실가스**가 전혀 발생하지 않는다고 선진국들은 원자력 발전소를 500개나 지었지. 그러나 이 에너지도 안전하지는 않아. 잘못하면 아주 치명적인 사고가 일어나거든.

1986년 **소련의 체르노빌**에서 핵발전소가 폭발하는 사고가 일어났는데 히로시마에 떨어진 원자 폭탄의 열 배에 달하는 피해를 입었어. 주변의 동식물은 심각하게 오염되어 10년이 지나도 작물이 자라지 못했지. 그리고 다들 쉬쉬하지만 피해는 여전히 진행 중이야.

소련 체르노빌

후쿠시마 원전 사고

하아~ 2011년 일본 후쿠시마에서도 지진이 일어나면서 원자력 발전소에서 방사능이 새어 나왔어. 이 사고는 원자력 사고의 최고 등급인 7단계라고! 지진과 해일 그리고 원자력 사고로 2만 명이 넘는 희생자가 발생했지. 아직도 이 사고는 수습되지 못하고 원전에 사용되어 오염된 물이 지하수까지 들어가 날마다 400톤씩 불어나고 있대. 이 물을 어떻게 처리할 건지 정말 걱정이야. 나도 방사능에 오염되면 많이 아프다고! 나에게 오염된 몸을 스스로 치료할 수 있는 시간을 주지 않으면 나는 인간들에게 깨끗한 공기와 안전한 먹거리를 내어 줄 수가 없어…….

석유나 가스 같은 에너지가 전혀 없는 대한민국에도 원자력 발전소가 20개나 되지. 한반도도 지진이 일어나기 때문에 너희도 원전 사고로부터 자유로울 수는 없어. 그런데도 더 많은 원전을 지으려 한다니 걱정이다. 날 위해서도 그렇지만 너희들을 위해서도 원전보다 깨끗하고 안전한 에너지를 얻을 연구를 해야 하지 않을까? 원전의 불은 마음대로 붙일 수는 있지만 끄고 싶을 때 마음대로 끌 수 있는 불이 절대 아니란 걸 명심해!

서울 하늘에 가득한 미세 먼지

후우~ 이건 또 뭐야? 미세 먼지가 가득해서 숨을 제대로 쉴 수가 없어. 개나리, 진달래, 벚꽃이 흐드러지게 피는 대한민국의 봄은 정말 아름다웠는데, 이제는 꽃구경도 마음 놓고 못하게 되었네. 줄지어 선 자동차와 발전소에서 내뿜는 가스가 아주 엄청나더구나. 그리고 너희들을 따뜻하게 해 주거나 시원하게 해 주는 보일러에서 나오는 가스도 만만치 않고. 심한 날에는 마스크를 쓴다지만 글쎄, 미세 먼지는 너무 작아서 마스크쯤은 쉽게 통과해서 여러 가지 질병을 불러 온다던데……. 에~에취!

하나뿐인 지구네, 뭐네 하면서 지구를 살려야 한다고 떠든 지가 언젠데 나아지는 건 하나도 없어. 나는 여기저기 안 아픈 곳이 없단다. 얘들아, 나를 더 이상 괴롭히지 말고 내 건강을 지켜주라. 제발 부탁이야~.

나는 언제나 인간이 원하면 얼마든지 자원을 내어 줄 수 있는 도깨비 방망이가 아니란다. 지금 너희들이 쓰는 석유는 얼마 못 가 바닥을 드러낼 거야. 그렇다고 서둘러 개발한 원자력 에너지도 위험하긴 마찬가지야. 원자력에서 나오는 **방사능**은 모든 생명체를 위협하는 아주 험악한 녀석인 데다 한번 불을 붙이면 마음대로 끌 수도 없다고 했잖니? 그런데도 원자력 발전소에 매달리는 인간들을 보면 왠지 불장난하는 아이들 같아 불안하기만 해…….

방사능
방사능에 오염되면 백혈병이나 암에 걸릴 확률이 높아지고 기형아나 조산도 증가한단다.

그럼, 산업화가 지구와 인간을 위험하게 한다면 원시 시대로 돌아가야 하는 거냐고? 허어~ 그럴 리가! 앞으로 나아가는 게 문명의 특징인데 거꾸로 갈 수야 없지. 다만 욕심을 버리고 조금 불편하게 산다면 문제는 빨리 해결될 거 같아. 좀 덜 만들고, 덜 때고, 덜 먹으며 있는 걸 고루 나눈다면 환경은 훨씬 나아질 수 있거든. 특히 대한민국의 음식물 쓰레기 처리 비용이 15조 원이나 든다는 거 알아? 이것부터 줄여 준다면 정말 고맙겠다~.

그리고 깨끗한 에너지를 얻는 방법은 의외로 아주 쉬울 수도 있어. 모든 생명체의 어머니에게 기대면 되니까. 그게 누구냐고? 맨 처음

우주가 태어날 때부터 우리에게 생명을 주고 살아갈 에너지도 지금까지 아니 앞으로도 쭉 무상으로 줄 우리의 영원한 엄마, 태양! 태양열을 에너지로 이용하면 가스도 나오지 않고 방사능 위험도 전~혀 없어. 그리고 바람을 이용한 풍력 에너지도 앞으로는 큰 힘이 될 거야. 땅을 갈아 씨를 뿌렸던 것처럼 이제는 태양과 바람을 경작할 시간이 되었어. 아직 더 연구하고 기술이 발전해야 가능하다지만 인간의 두뇌와 의지로 못할 게 뭐가 있겠어!

그리고 제발 숲을 좀 그만 없애고 가꾸어 주렴. 기후를 변화시키는 주범은 가스 중에서도 이산화탄소인데 숲은 이산화탄소를 가두는 감옥이나 마찬가지거든. 이산화탄소를 빨아들여 산소를 내뿜는 곳이니까. 숲이 많아질수록 나도, 너희들도 살기 좋아지는 거란다.

아참! 제발 밤에는 다들 충~~분히 잤으면 좋겠어. 밤에도 트리를 단 것처럼 우리 태양계에서 나 홀로 반짝이느라 피곤해 죽겠다. 주위의 행성들이 전기 에너지를 만드느라 나날이 병들어 가면서도 화려한 척 뽐낸다고 얼마나 눈살을 찌푸리는 줄 아니? 후유~.

욕심 사나운 어른들은 나를 병들게 했지만 너희들만은 내 부탁을 들어주는 진짜 친구가 되어 줘!

다 함께 행복한 미래

우주 탄생부터 역사 공부를 시작한 『호락호락 한국사』 토론방 친구들은 넓은 시각으로 세상을 바라보겠지? 모든 생명체가 얼마나 힘들게 태어났는지도 알 테고 가장 뒤늦게 태어난 인간이 세상 모든 것들의 도움을 받았다는 것도 잘 알 테니까. 그래서 지구 위의 모든 생명체는 서로 도우며 살아야 한다고 생각할 거라 믿어.

세상 사람들 모두 나, 우리 가족, 우리 이웃, 우리나라 그리고 이웃나라와 온 세상이 다 한 생명이라는 생각으로 살았으면 좋겠어. 그러면 서로를 존중하며 평화롭게 살 수 있을 거야. 뭐, 차별이나 전쟁 따윈 일어나지도 않을걸? 그럼, 우리 태양계에서 유일하게 푸른 나, 지구도 더욱더 푸르게 빛나며 너희들의 건강하고 든든한 터전이 되어 줄 수 있어, 자 약속!

저자가 직접 강의하는 호락호락 한국사 4장
왼쪽의 QR코드를 찍어서 저자의 강의를 들어 보세요!
만약 QR코드가 안 될 경우에는 아래 링크로 들어오세요.
https://blog.naver.com/damnb0401/221270904170

토론 주제 : 통일은 꼭 해야 하는 걸까?

토론자 : 그렁군 과 딴지양 , 지구 , 유명한 앵커

그렁군, 너도 문재인 대통령하고 김정은 주석이 만나는 거 봤지? 야하, 얼마 전까지만 해도 핵무기로 위협하더니 웬일이래? 통일 되려나 봐.

딴지양, 너무 앞서가는 거 아니야? 통일이 아니라 비핵화 그리고 종전 협정에 대해 의논하는 것뿐인데.

비핵화, 종전? 그건 뭔데?

북한과 핵무기를 영원히 폐기하고 전쟁을 아주 끝낸다는 종전 협정을 맺어 한반도에 평화의 시대가 오게 만드는 거야.

여기가 호락호락 토론방인가요?

어~ 어디서 많이 본 아저씬데?

저, 나는 유명 앵커 유명한입니다.

급 벙긋, 우리 엄마가 제일 좋아하는 아나운서다! 그런데 어떻게 여기까지 오셨어요?

나, 지구가 오늘 이야기를 이끌어 달라는 부탁을 드렸지. 대한민국에서 가장 믿음직한 언론인으로 소문이 나서 뵙고 싶었거든.

과찬이십니다. 아, 그렇군과 딴지양, 과찬은 지나친 칭찬이라는 말입니다.

에이~ 저희도 그런 말씀은 알아요. 유명한 아저씨를 옆에서 뵈니까 신기한데요!

그럼, 시작해 볼까요? '통일은 꼭 해야 하는 걸까?'에 대해서 자유롭게 이야기를 나눠 보도록 하지요. 마침 남북 정상이 만나고 있으니 할 이야기가 많을 거 같은데요?

다들, 통일, 통일하는데요~ 저는 정말 통일이 좋은 건지 잘 모르겠어요. 얼마 전까지도 북한은 핵무기를 개발했다며 우릴 위협했잖아요? 예전 대통령들도 북한 지도자와 만났지만 달라진 건 없는 거 같은데요?

그랬지요. 대통령마다 북한에 대한 정책이 달라서 지켜지지 않았던 약속들이 많았죠. 그래서 딴지양은 통일에 대해 부정적이 됐나 보군요.

아~니, 부정적이라기보다 평화롭게 지내면서 두 나라로 사는 게 더 좋겠다는 거죠.

그게 부정적인 거지, 뭐냐?

아~ 저는요, 같은 민족인데 한쪽은 먹을 게 넘쳐나고 한쪽은 유엔이 식량을 보내 줘야 할 정도로 가난하다는 게 너무 마음 아파요. 일단 통일이 되면 굶는 사람은 없어질 거 아녜요? 그러니까 통일은 꼭 해야 한다고 생각합니다!

야, 그럼, 통일되면 우리가 북한 사람들을 다 먹여 살려야 되는 거 아니니? 북한은 교통도 안 좋아서 우리가 고속철도 같은 것도 놓아줘야 한다며?

그건 누구에게 들은 말인가요?

우리 아빠가요, 통일하려면 돈이 너무 많이 들어서 힘들어진대요. 독일도 통일해서 아주 힘들었다던데요? 독일은 아주 잘사는 나라였는데도요. 어떤 사람들은 통일 전이 더 낫다고 했다던데…….

아, 통일 비용이 많이 들어 힘들었다는 말이군요?

네, 그거요. 북한이 너무 가난해서 섣불리 통일을 했다간 우리나라가 망할 수도 있대요.

하지만 우리 아빠가 그러시는데 북한에는 자원이 많아서 우리의 기술과 힘이 합쳐지면 우리는 아주 잘살게 될 거래. 그리고 만주와 유라시아, 유럽까지 육로로 이어져 교역은 더 활발해질 거라 하셨어. 할 일이 많아져서 실업자도 없을 거고, 중국이나 일본한테도 당당해질 거라던데? 그 생각만 하면 가슴이 뛰던데!

그렇긴 하네. 그런데 통일 비용은 어쩌냐고요?

통일 비용보다 지금 이 상태를 유지하는 돈이 더 든다고 하시던데? 두 나라가 대결하며 국방비를 아주 많이 쓴다더라.

그렇군은 분단 비용이 더 든다는 말이군요?

네에 그거요, 분단 비용! 군대를 늘리고 무기를 사 오느라고 드는 비용이 어마어마하대요. 우리나라 한 해 예산이 400조인데 국방비가 40조가 넘는다던데요?

4, 40조? 헉! 그럼 북한은 얼마나 쓰는데?

워낙 비밀이 많은 나라라 정확하진 않은데 1조도 안 된다던데?

핵무기도 만들 수 있다며? 미국도 공격할 수 있다고 큰소리도 빵빵 쳤는데? 그런데 1조밖에 안 쓴다니 말도 안 돼!

딴지양, 북한에게 1조는 에개~가 아닙니다. 북한과 우리의 경제 상황은 비교 자체가 안 되거든요.

맞아요! 우린 국민 1인당 소득이 2만 8000달러에 세계 시장에서 수출 순위가 10위 안에 드는 나라래요. 그런데 북한은 1인당 국민 소득이 600달러도 안 된대요. 식량 원조를 받아야 하는 아프리카의 나라들보다도 더 심각하다던걸요?

그렇군은 아는 게 참 많은 친구로군요. 그럼 국방비를 어느 정부가 더 많이 쓰는 걸까요?

당연히 우리나라죠!

에이, 딴지양! 넌 국방비 액수만 따지는구나? 북한은 1년 예산이 7조 원이 좀 넘는다던데? 그런데 국방비로 1조나 쓰고 있어. 그럼, 누가 더 많이 쓰는 거겠냐?

1년 예산이 우리 국방비의 1/10? 어휴, 북한 진~짜 못사는구나!

에구~ 남북한이 국방비로 쓰는 돈을 차라리 통일 비용으로 쓰는 게 낫겠네. 그럼, 북한 주민은 굶주리지 않고 그렇군과 딴지양은 대학까지 무료로 다닐 수 있을 거 같은데!

그러게나 말이에요! 그런데 북한은 국민들이 굶주려 죽어 가는데도 핵실험을 하느라 국방비를 줄이지 않았죠. 우리도 외국에서 비싼 무기를 사느라 국방비를 해마다 늘리고요.

왜 국방비는 늘기만 했을까요?

남과 북은 적이니까요.

북한은 동포가 아니라 두려운 적이로군요.

동포라고 하기엔 좀 그래요. 요즘 북한 지도자하고 우리 대통령하고 이야기도 나누고 그러니까 좀 무서운 건 없어졌는데요, 그 사람들은 언제 변할지 모르는 무서운 사람들이래요. 우리 할머닌 지금도 북한이 싫으시대요.

왜 그러신지 딴지양은 알고 있나요?

우리 할머니는 전쟁 때 가족을 다 잃으셔서 지금도 공산당이라면 진저리가 쳐진다고 하세요. 그래서 통일이 안 되는 게 낫다고 하시던걸요?

하긴 내가 보기에도 동포로 생각하기엔 문제가 많은 거 같더라. 6.25 전쟁 때 너무 많은 사람이 죽거나 다쳤지. 지금까지도 바다 경계선에선 서로 다투어 수많은 젊은이들이 희생됐으니……. 쩝!

천암함 사건과 연평 해전을 보셨군요. 그럼, 지구도 딴지양과 의견이 같은 건가요?

펄쩍! 아니, 아니요! 지구 위에 분단선이 있는 꼴은 더 이상 못 보겠어요. 나야 하루라도 빨리 그 흉측한 선을 치워 주었으면 좋겠고요, 거 핵실험인가 뭔가 하는 위험한 불장난은 다신 하면 안 되죠!

저기요~. 딴지양 할머니는 통일이 싫다시지만 우리 할아버지 소원은 통일이 되는 거예요. 우리 할아버지는 평양에 사시다 인민군에 징집되는 게 싫어서 홀로 남쪽으로 내려오셨대요. 전쟁이 끝나면 돌아갈 수 있다고 생각하셨는데 정전이 되면서 고향에 갈 수도 없고 부모형제를 만날 수도 없게 되셨죠.

그렇군의 할아버지는 천만 이산가족의 한 분이시군요. 고향과 가족을 많이 그리워하시겠습니다.

명절만 되면 우리 할아버지는 500원짜리 동전을 잔뜩 가지고 비무장 지대에 있는 전망대로 가셔요. 그리고 하루 종일 그 돈을 망원경에 넣으며 북쪽을 바라보시죠. 돌아가시기 전에 고향 땅 한 번 밟아 보고 싶으시데요.

아~ 이산가족은 정말 고향과 가족이 그립겠다! 난 우리 할머니 생각만 했네…….

내가 보기엔 통일을 빨리 서둘러야겠던데…….

왜 그렇게 생각하시는지 말씀해 주시죠.

분단된 지 70년이 다 되어 가니 남북한의 말도 점점 달라지고 정서나 문화도 통하기 어려워지던 걸요? 원래 같은 민족이었다는 생각이 점점 사라지는 건 아닐까 걱정이 됩니다.

솔직히 저는요, 북한 말투가 거칠어서 싫어요. 꼭 싸우는 거 같아요. 아이들도 TV에 나온 북한 사람들이 촌스럽다던데요?

어~ 북한 지도자가 무서운 줄 알았는데 귀여운 아저씨 같다는 애들도 있더라. 너무 나쁘게만 보는 거 아니냐?

북한을 미워하다가 갑자기 좋게만 보는 것도 위험하지!

흠흠, 다시 의견을 나눠 보지요.

저는요, 북한 사람들과 생각도 다르고, 말투도 달라서 이야기나 나눌 수 있을지 걱정이고요, 통일하고 나서 서로 사이가 더 안 좋아지면 또 전쟁이 일어나는 건 아닌가 두렵기도 해요.

음~ 우리 할아버지는 통일이 되면 저에게 사촌들하고 만날 수 있을 거라 하시던데……. 나는 좀 어색할 거 같아요. 서로 왕래도 없이 너무 오래 갈라져 있어서 그런 거겠죠? 저는요, 통일을 상상하면 설레면서도 약간 두려워요. 좋은 일만 일어나진 않을 거 같거든요.

얘들아, 두려움을 이겨야 영웅이 된다는 주몽의 말을 잊었니? 용기를 내! 내가 통일이 되면 좋아지는 거 두 가지는 장담한다!

뭔데요?

한반도가 통일이 되면 세계 평화의 상징이 될 거야. 세상은 아직도 분쟁 지역이 많은데 한반도가 평화 통일을 이루면 평화의 본보기가 될 테니까. 1989년 독일이 통일되는 모습에 전 세계가 흥분했잖니? 한반도는 전쟁까지 겪었고 70년이나 대립을 했는데도 평화롭게 통일을 한다면~ 그야말로 평화의 상징이 되는 거지.

그렇겠네요. 한반도의 통일은 세계 역사를 빛낼 사건이겠는데요!

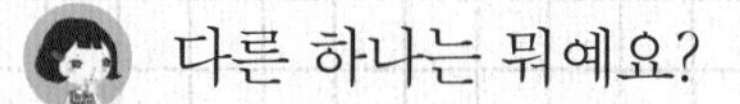

다른 하나는 뭐예요?

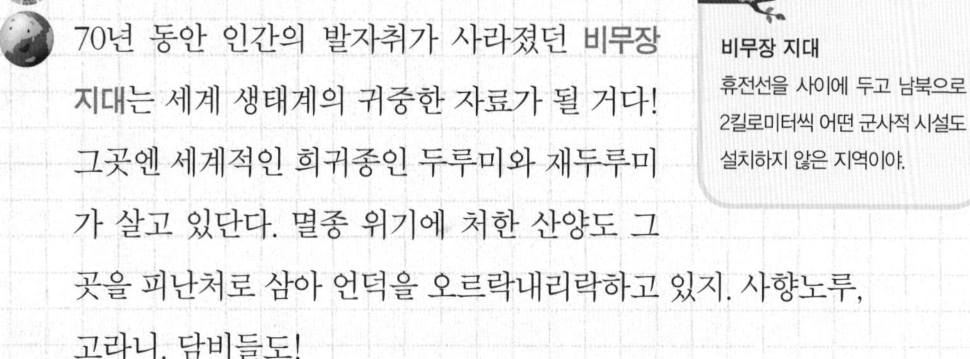

70년 동안 인간의 발자취가 사라졌던 **비무장 지대**는 세계 생태계의 귀중한 자료가 될 거다! 그곳엔 세계적인 희귀종인 두루미와 재두루미가 살고 있단다. 멸종 위기에 처한 산양도 그곳을 피난처로 삼아 언덕을 오르락내리락하고 있지. 사향노루, 고라니, 담비들도!

비무장 지대
휴전선을 사이에 두고 남북으로 2킬로미터씩 어떤 군사적 시설도 설치하지 않은 지역이야.

와~ 비무장 지대를 세계적인 생태 공원으로 만들면 통일 비용에 많은 보탬이 되겠다!

아니야~ 많은 사람들이 몰려들고 개발이 되면 그곳은 다시 엉망이 될지도 몰라. 그냥 그곳은 영원히 평화로운 땅으로 남겨 두는 게 더 의미가 있을 거 같은데…….

맞아요! 남북이 오가는 데 불편하지 않을 정도로만 길을 내고, 진짜 평화로운 생태계로 남겨 두어야 해요.

헐~ 통일은 좀 그렇다더니?

통일하지 않아도 오갈 수는 있잖아? 평화의 시대가 온다는 게 통일이 된다는 건 아니라며?

그럼, 이즈음에서 이야기를 마칠까요? 제가 뉴스 브리핑을 하러 가야 해서요. 미안합니다.

아, 아저씨 마지막으로 정리하는 말 그거 우리한테도 해 주세요, 네?

아, 앵커 브리핑이요? 그러지요.

우리는 한반도에 뜻하지 않게 두 개의 정부가 들어선 때부터 통일을 이야기했고 그 뒤 전쟁을 겪고 나서도 통일은 반드시 이뤄져야 한다고 생각해 왔습니다. 원래 한반도는 하나였으니까요. 하지만 남북이 갈라진 지 70년이 다 되어 가는 요즈음에는 통일에 대한 생각도 많이 달라졌습니다.

누구는 통일 비용이 많이 들고 그것 때문에 남북이 다 망할지도 모른다며 통일을 반대하기도 합니다. 북한은 이미 오래전부터 국민들이 굶주리는 나라라서 밑 빠진 독에 물 붓기가 될 거라는 걱정이 앞선 거지요. 그리고 남과 북의 생각이 너무 다르고 정서가 달라져 다시 하나가 되기는 어려울지도 모른다고 말합니다.

또 누구는 분단이 이어지면 통일 비용보다 분단 비용이 더 들기 때문에 통일하는 것이 더 낫다고 말합니다. 아울러 북한의 자원과 남한의 기술이 합쳐지면 경제 강국이 되어 나라의 위상이 드높아질 것이라고도 하지요. 그리고 세계와 통할 수 있는 길이 하나 더 생긴다고도 합니다. 철조망이 걷히면 육로로 중국과 러시아, 유럽으로도 갈 수 있으니까요.

두 의견은 다른 듯 보이지만 둘 다 돈 걱정이 앞서 있습니다. 그래서 합리적인 의견들이지만 왠지 씁쓸한 생각이 드는군요. 우리는 이미 오래전 신라의 문무왕, 고려의 태조 왕건을 거치며 한민족으로 살아 왔다는 사실을 잊지 말았으면 합니다. 우리가 하나라는 사실을 말입니다.

와아~ 짝짝짝……. 유명한 아저씨 정말 멋지다! 나도 앵커 될래.

뭔가 야단맞은 느낌인데 멋지긴 멋지다! 나는 명앵커!

우후~ 두 녀석 다 멋진 앵커가 되길 바란다~.

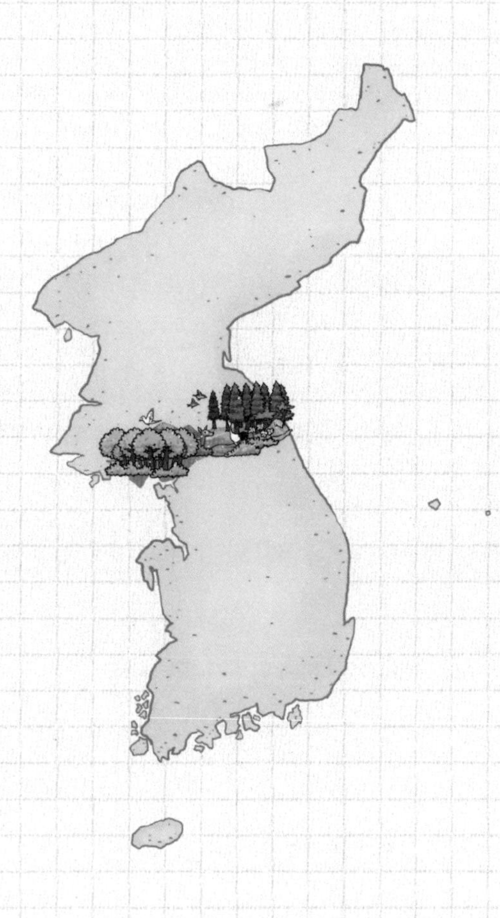

통일은 평화의 상징

대한민국이 통일되면 그건 그냥 통일이 아니다. 왜냐하면 70여 년을 다투던, 세상에 하나밖에 안 남은 분단국가가 사라지는 세계적인 사건이기 때문이다.

그리고 철조망이 사라진 휴전선은 평화의 상징이 될 뿐만 아니라 생태계의 보물 창고가 될 거라 한다. 비무장 지대는 70여 년 동안 사람의 발길이 닿지 않아 자연이 그대로 보존되어 있으니까! 맑고 깨끗한 곳에서 고라니가 뛰노는 모습은 낙원 같아서 전 세계 사람들이 보러 오지 않을까?

우리가 통일을 이뤄 더 당당한 나라가 되면 중국이나 일본과도 사이가 좋아질 거다. 세 나라의 힘이 비슷하면 전쟁이 일어나지 않기 때문이다. 그리고 이제껏 다투어 왔던 역사 왜곡 문제도 풀려 동북아시아가 정말 평화로운 곳이 될 거라고 생각한다.

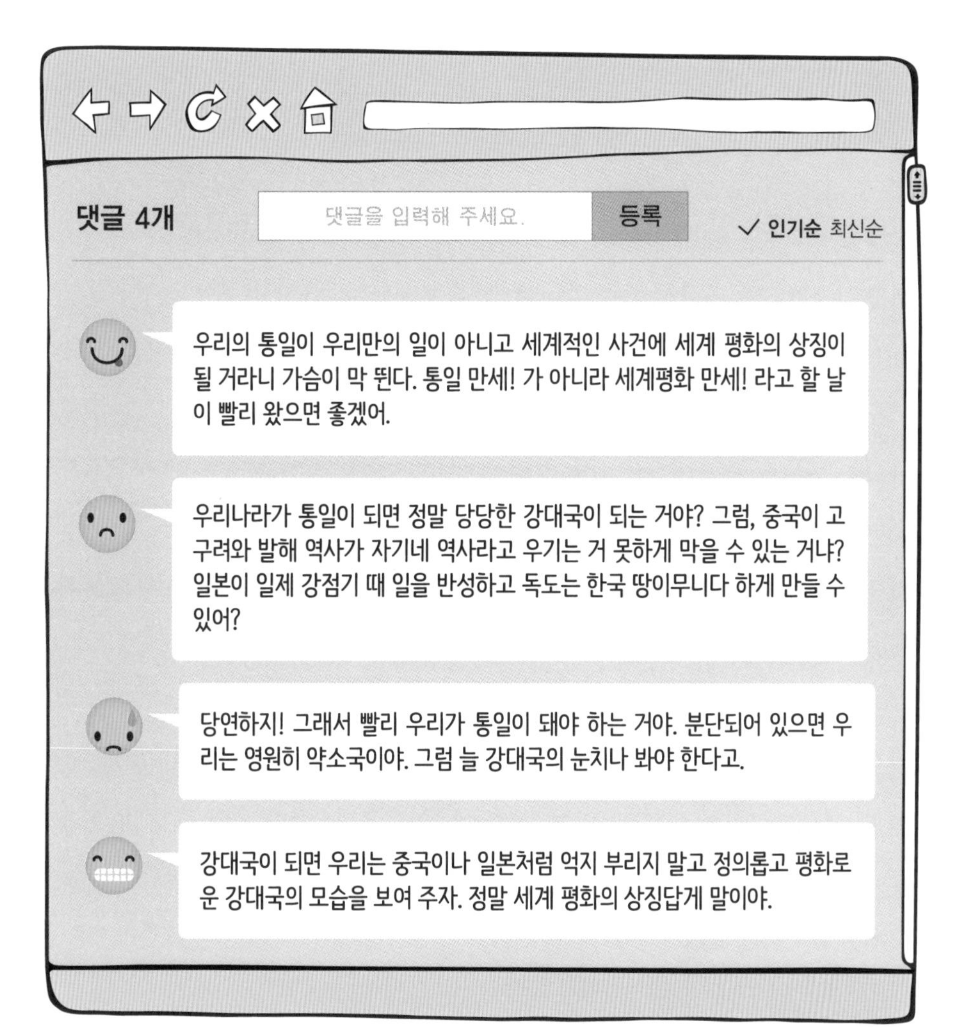
댓글 4개
댓글을 입력해 주세요.
등록
✓ 인기순 최신순
우리의 통일이 우리만의 일이 아니고 세계적인 사건에 세계 평화의 상징이 될 거라니 가슴이 막 뛴다. 통일 만세! 가 아니라 세계평화 만세! 라고 할 날이 빨리 왔으면 좋겠어.
우리나라가 통일이 되면 정말 당당한 강대국이 되는 거야? 그럼, 중국이 고구려와 발해 역사가 자기네 역사라고 우기는 거 못하게 막을 수 있는 거냐? 일본이 일제 강점기 때 일을 반성하고 독도는 한국 땅이무니다 하게 만들 수 있어?
당연하지! 그래서 빨리 우리가 통일이 돼야 하는 거야. 분단되어 있으면 우리는 영원히 약소국이야. 그럼 늘 강대국의 눈치나 봐야 한다고.
강대국이 되면 우리는 중국이나 일본처럼 억지 부리지 말고 정의롭고 평화로운 강대국의 모습을 보여 주자. 정말 세계 평화의 상징답게 말이야.

통일은 두려워

우리 역사를 배우면서 전쟁 이야기를 너무 많이 들어서인지 역사가 전쟁사 같다는 생각이 든다. 그런데 지금도 우리나라는 세상에 단 하나 남은 분단국가로 늘 전쟁 위험에 시달리고 있다. 바다에서 군인들이 죽기도 하고 섬이 공격당하기도 하며 북한의 핵실험으로 마음이 불안하다. 요즘은 비핵화니, 종전이니 하는데 다 믿진 못하겠다. 몇 번이나 약속이 지켜지지 않았기 때문이다. 지도자들끼리 회담을 하다가도 틀어지면 서로 헐뜯고 싸우는 걸 70년이나 했다. 이런 모습을 보면 평화통일은 쉽지 않을 거 같다.

그래서 나는 이대로 평화롭게 사는 것도 괜찮다고 생각한다. 이웃 나라들처럼 무역도 하고 여행도 하면서 친하게 지내면 되지 않을까? 말이 통하니까 더 자유롭게 왕래하고 어려운 일은 더 적극적으로 도와줄 수 있을 거 같다. 그러다 자연스럽게 하나가 된다면 그게 진짜 통일 아닐까?

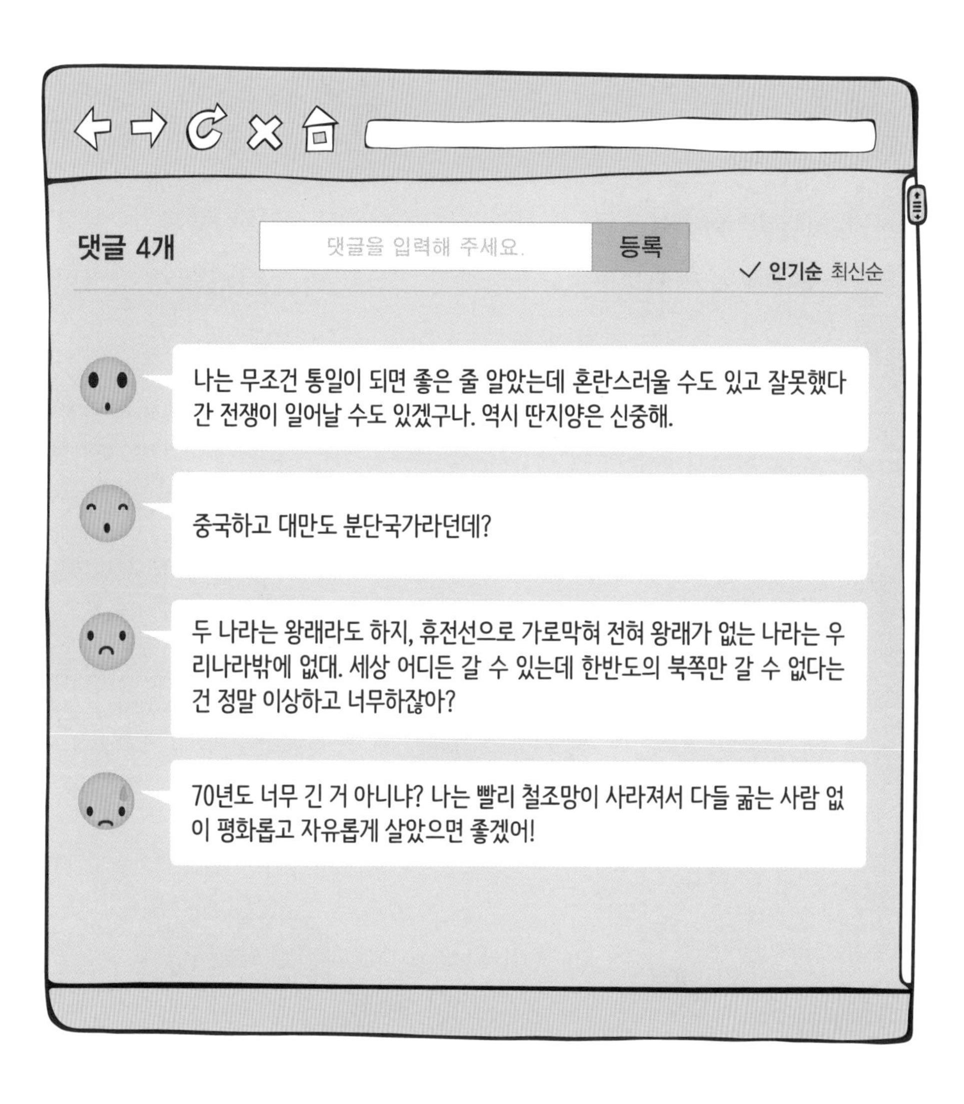
댓글 4개
댓글을 입력해 주세요.
등록
✓ 인기순 최신순
나는 무조건 통일이 되면 좋은 줄 알았는데 혼란스러울 수도 있고 잘못했다간 전쟁이 일어날 수도 있겠구나. 역시 딴지양은 신중해.
중국하고 대만도 분단국가라던데?
두 나라는 왕래라도 하지, 휴전선으로 가로막혀 전혀 왕래가 없는 나라는 우리나라밖에 없대. 세상 어디든 갈 수 있는데 한반도의 북쪽만 갈 수 없다는 건 정말 이상하고 너무하잖아?
70년도 너무 긴 거 아니냐? 나는 빨리 철조망이 사라져서 다들 굶는 사람 없이 평화롭고 자유롭게 살았으면 좋겠어!

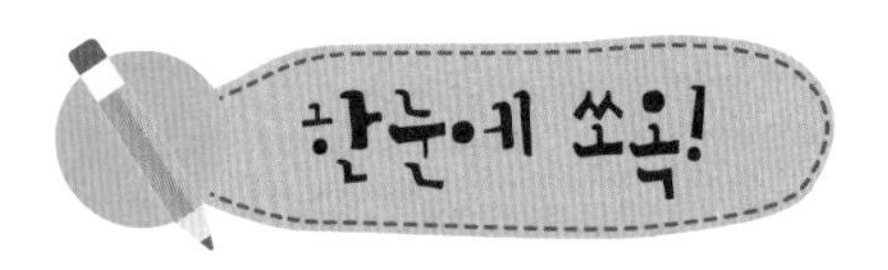

통일이 되면 얼마나 신날까!

통일이 되면 너희들은 무얼 하고 싶니? 백두산, 두만강에도 가 보고 평안도, 함경도를 거쳐 러시아, 유럽까지 기차를 타고 여행할 수 있다면 정말 신날 거야! 와우~ 생각만 해도 가슴이 두근거린다~~~.

난 가족들과 함께 기차를 타고 러시아도 가고 유럽에도 갈 거야. 이젠 비행기나 배를 타지 않아도 다른 대륙에 갈 수 있다는 사실이 정말 꿈만 같아.

나는 평양에 가서 고구려 평양성부터 볼래. 천 년도 넘은 성이 그렇게 단단하고 아름답다며? 개경에 있는 고려 왕릉에도 가 봐야지. 이번 기회에 아예 고구려와 고려의 유적지를 다~ 돌아봐야겠어.

북한의 태권도 시범 경기를 본 적이 있는데 정말 잘하더라. 여자 선수들도 어찌나 힘있게 잘하던지 반해 버렸어. 북한 태권도를 배워서 나도 멋진 선수가 될 테야. 누가 아니, 내가 올림픽 금메달을 딸지?

난
DMZ 안에 가 보고 싶어.
내 꿈은 생물학자거든. 60년이나
사람의 손길이 닿지 않았다니 얼마나
신비스러울까? 그곳의 동물과
식물들이 어떤 모습일지 정말
궁금해.

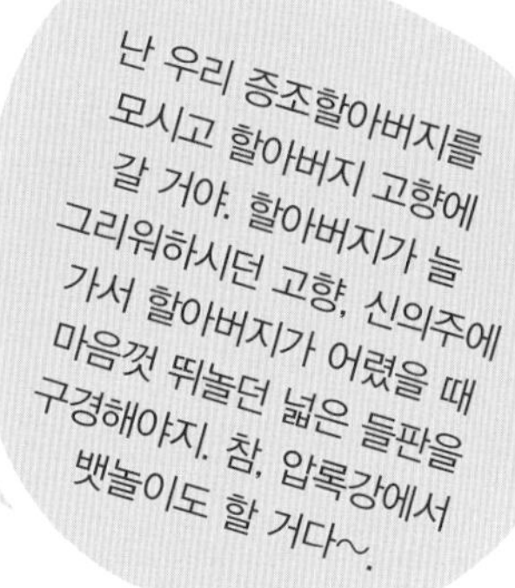

난 우리 증조할아버지를
모시고 할아버지 고향에
갈 거야. 할아버지가 늘
그리워하시던 고향, 신의주에
가서 할아버지가 어렸을 때
마음껏 뛰놀던 넓은 들판을
구경해야지. 참, 압록강에서
뱃놀이도 할 거다~.

난 북한
친구들을 많이 사귀고 싶어. 처음엔
말도 좀 다르고 생각도 달라서 어색하겠지만
그래서 재미있을 거 같아. 내가 잘하는 건
가르쳐 주고 북한 친구들이 잘하는 건
배우면서 친해질 거야.

내 꿈은 여행 작가야. 한반도 곳곳의
아름다운 자연을 친구들에게 소개하고 싶어.
한라산에서 출발해서 백두대간을 타고 금강산과
백두산까지 가야지. 그래서 아름답고 웅장한
모습을 여행기에 꼭꼭 담아 보여 줄게. 기대해!

그때 세계는?

통일을 정말 축하해!

대한민국이 통일을 이룬 그 어느 날 세계의 어린이들에게 축하를 받는 장면을 상상 해보았어 상상만으로도 얼마나 가슴이 벅차오르던지! 너희들도 받고 싶은 축하 메시지를 한 번 써 보렴.

온네아! 정말 축하해. 우리나라 교육 제도를 부러워한다던 한국이 통일을 이뤘다고? 오랜 세월 적으로 지내던 사람들이 악수를 하다니 정말 놀랍다. 그런 훌륭한 일을 해 낸 한국이 나는 더 부러워지는데!

그라튤리레! 우리 독일도 통일을 이룬 지 30년이 다 되어 가. 처음엔 많은 혼란과 갈등이 있었지. 하지만 마음을 열고 노력하면 진짜 하나가 될 수 있어. 우리도 그랬으니까.

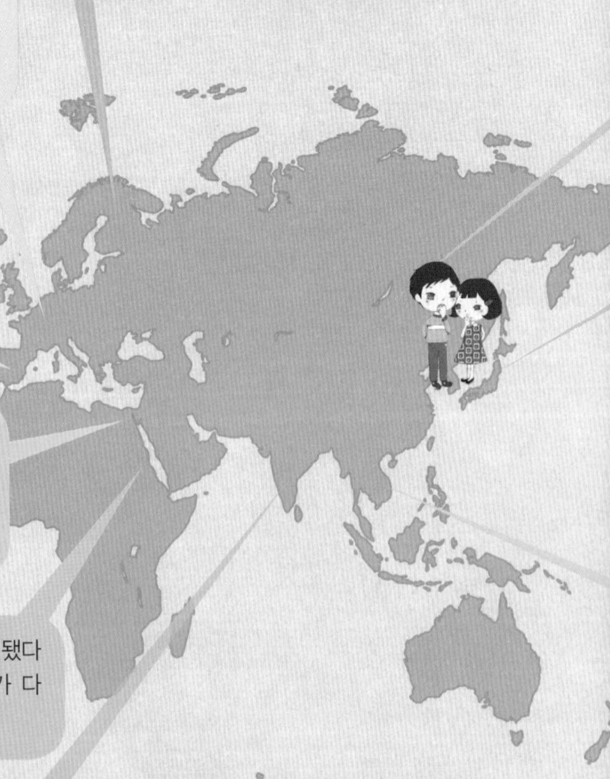

빠라뱅스! 한국은 정말 위대한 나라야. 사실 나는 한국에 갔을 때 전쟁이 일어나지 않을까 좀 불안했거든. 편한 마음으로 반구대 암각화를 다시 한 번 보러 갈게.

인샬라! 이거야말로 신의 뜻이야. 한국의 통일은 세계 평화에 큰 기여를 한 거라고 외신들이 난리던걸? 그렇군, 딴 지양 다시 한 번 만나자!

슬라미(안녕)! 우리를 도와준 한국이 통일됐다니 참 좋다~ 이제 지구에는 분단국가가 다 사라진 거라며? 정말 장하다.

타고르란 우리나라 시인이 동방의 불빛이라 했다더니 이젠 세계의 불빛이 되었네? 세계 평화의 상징으로 말이야. 좋겠다!

콰이러 콰이러! 이젠 비행기 나 배 타지 않고도 한국 갈 수 있겠네? 앞으론 우리 중국, 한국, 일본 진짜 친구하자. 그래서 평화로운 세상 만들자! 약속!

오메데또! 진짜 통일을 했구나. 북한이 핵 실험을 할 때마다 엄청 불안했는데 이젠 정말 평화가 찾아오겠어. 한국에도 평화의 공원이 세워지겠지? 이건 세계적인 사건이니까!

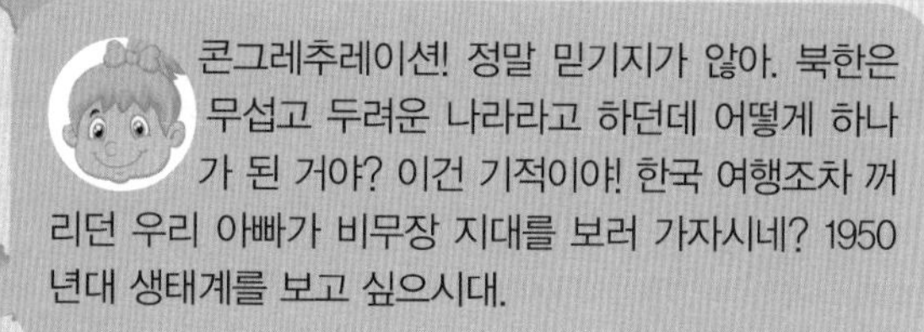

콘그레추레이션! 정말 믿기지가 않아. 북한은 무섭고 두려운 나라라고 하던데 어떻게 하나가 된 거야? 이건 기적이야! 한국 여행조차 꺼리던 우리 아빠가 비무장 지대를 보러 가자시네? 1950년대 생태계를 보고 싶으시대.

휄리시다데스! 평창 올림픽 때 남북한 선수가 함께 입장하는 모습을 보면서 어쩐지 통일을 이룰 거 같더니 그 예감이 맞았네, 맞았어! 이제 한반도는 꽃길만 걷게 될 거야.

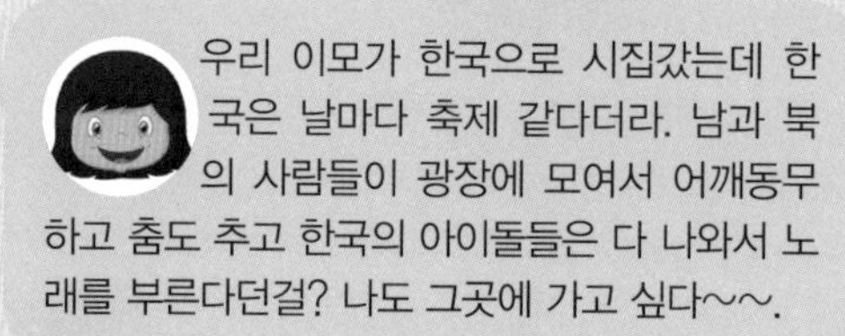

우리 이모가 한국으로 시집갔는데 한국은 날마다 축제 같다더라. 남과 북의 사람들이 광장에 모여서 어깨동무하고 춤도 추고 한국의 아이돌들은 다 나와서 노래를 부른다던걸? 나도 그곳에 가고 싶다~~.

연표

20세기

1905년 을사늑약

1907년 헤이그 밀사 파견

1909년 안중근 항일 운동

1910년 한일합방

1919년 3.1 운동, 상해 임시 정부 수립

1920년 봉오동 대첩, 청산리 대첩

1926년 6.10 만세 사건

1927년 신간회 설립

1929년 광주 학생 운동

1932년 한인애국단의 이봉창, 윤봉길 항일 운동

1940년 한국광복군, 일제에 전쟁 선포

1943년 강제 징병, 징용, 정신대

1943년 카이로 회담 – 한국 독립 약속

1945년 포츠담 회담, 한국 해방

1946년 3월, 1947년 5월 미소 공동위원회

1947년 7월 여운형 피살

1948년 4월 3일 제주도 4.3 항쟁

1948년 8월 15일 대한민국 정부 수립

1949년 반민족행위특별조사위원회 설립

1949년 김구 선생, 안두희에게 피살

1950년 6월 25일 한국 전쟁

20세기

1951년 1.4 후퇴

1953년 7월 27일 정전 협정

1960년 4월 19일 4.19 민주 혁명

1961년 5월 16일 5.16 군사 정변

1970년 경부 고속도로 개통, 전태일 분신

1972년 10월 유신

1980년 5.18 광주 민주화 운동

1987년 6월 민주 항쟁

1991년 북한과 유엔 동시 가입

1997년 IMF 긴급 금융 지원

21세기

2000년 남북 정상 회담(김대중과 김정일)

2002년 월드컵 개최

2014년 세월호 사건

2017년 박근혜 탄핵

2018년 4월 27일 남북 정상 회담 – 평화 시대 열기

찾아보기

참고한 책들과 사진 출처

〈참고한 책들〉

• 어린이 책

부산 소학생 영희 경성행 기차를 타다 / 사계절
식민지 소년 / 청년사
시인 윤동주 / 창비
간송선생님이 다시 찾은 우리문화유산이야기 / 샘터
야시골 미륵이 / 사계절
나무도장 / 평화를 품은 책
모르는 아이 / 문학과 지성사
몽실언니 / 창비
노근리 그해 여름 / 사계절
잠들지 못하는 뼈 / 미세기
나는 아직도 아픕니다 / 평화를 품은 책
오늘은 5월 18일 / 보림
오월의 달리기 / 푸른숲주니어
기찻길 옆 동네 / 창비
비무장지대에 봄이 오면 / 사계절
꽃할머니 / 사계절

• 어른 책

청소년을 위한 한국 근현대사 / 두리미디어
독립협회, 토론공화국을 꿈꾸다 / 프로네시스
나의 한국 현대사 / 돌베개
대한민국사 / 한겨레출판
특강 / 한겨레출판
역사 앞에서 / 창비
끝나지 않은 역사 앞에서 / 김영사
소년이 온다 / 창비
내 것을 버려 모두를 구하다 / 봄나무
문화로 읽는 한국 현대사 / 철수와 영희
일제강점기 그들의 다른 선택 / 피플파워
시로 쓰는 한국 근대사 / 작은 숲
이회영과 젊은 그들 / 역사의 아침
나는 조선인 카미카제다 / 서해문집
누구를 위한 화해인가 / 푸른 역사
일본은 사죄하고 싶다 / 전략과 문화
한국현대사 다이제스트100 / 가람기획
사진과 그림으로 보는 한국 현대사 / 웅진
한국전쟁 / 책과함께
나를 울린 한국전쟁 100장면 / 눈빛출판사
인간 없는 세상 / 렌덤하우스코리아
아름다운 지구인 / 북센스
지구를 생각한다 / 해나무
지구상의 마지막 비무장 지대를 걷다 / 휴머니스트
태양과 바람을 경작하다 / 이후
나의 지구를 살려줘 / 이른아침
기후 에너지 그리고 녹색 이야기 / 생각의 나무

〈사진 출처〉

독립기념관
문화재청
연합뉴스
e영상 역사관
간송미술문화재단
5.18 기념재단
나눔의 집
네이버영화
위키백과
위키미디어
나무위키
셔터스톡코리아

뭉치는 이 책에 수록된 사진이나 자료의 출처와 저작권자를 찾기 위해 최선을 다했습니다.
혹시 문제가 있다면 언제든지 연락 주시기 바랍니다.